大学での学びをハックする

21世紀のアカデミックスキル短期集中セミナー

ザカリー・ショア
Zachary Shore

佐藤 賢一 訳
Sato Kenichi

新評論

JN198311

訳者まえがき

　ザカリー・ショア（Zachary Shore）氏が著した本書『大学での学びをハックする——21世紀のアカデミックスキル短期集中セミナー（Grad School Essentials: A Crash Course in Scholarly Skills)』は、大学や大学院で成功するために必要な学術的スキルを短期間で習得するための実践的なガイドです。本書は、人文社会科学系から自然科学系まで、すべての学問領域に応用可能な内容となっています。

　特に、「読む・書く・話す・活動する・研究する」という五つのスキルに焦点が当てられており、読者がこれらのスキルをどのようにして身につけ、活用していくべきかについて明確かつ体系的に示されています。学生だけでなく、研究者や教育者にとっても貴重なツールとなるでしょう。

　訳者である私がこの本に初めて出合ったのは、2024年8月、JR京都駅近くにある書店でのことです。その日は本当に暑く、ふと目に留まったのが『まったく新しいアカデミック・ライティングの教科書』（阿部幸大著、

光文社、2024年）という新刊書でした。自宅に持ち帰り、ページをめくると、阿部氏が「大学院生虎の巻」と称してザカリー・ショア氏の原書を紹介していたのです。

　阿部氏はこの原書を、「大学院生に必要不可欠なスキルを網羅的かつ実践的にまとめたもの」と評しており、その内容に強く惹かれました。私はすぐに原書の全体像を知りたいと思い、邦訳版を探しましたが見つかりませんでした。どうやら、阿部氏が用いた「大学院生虎の巻」という表現は、原書の内容を要約し、便宜的につけた仮タイトルだったようです。

　そこで私は、すぐさま原書を取り寄せ、一気に読み進めました。非常に分かりやすいうえに深い内容であり、特に学術的な成功を目指す学生や研究者にとっては必須のガイド書だと確信しました。ザカリー・ショア氏が著した本には、どの分野でも共通して求められるスキルをシンプルかつ体系的にまとめられており、**「学びの普遍的な本質」**を見事に捉えていました。この本を、ぜひ日本の学生たちにも届けたい――そんな思いが湧きあがり、翻訳プロジェクトを立ちあげるに至ったわけです。

　ここで、私が翻訳プロジェクトに取り組むなかで気づいた、個人的なつながりについて少しお話しします。

　今から８年前（2017年３月）、私は『たった一つを変えるだけ』（吉田新一郎訳、新評論、2015年）の著者であり、「問いづくりメソッド QFT（Question Formulation Technique）」の開発者であるダン・ロススタイン（Dan Rothstein）氏の初来日プロジェクトの企画・実行責任者として、同氏による「問いづくり」ワークショップに参加し、次のテーマのもとで「問い」

を立てる活動に取り組みました。

「生後18歳までの子どもたちの読み・書き・問いづくりのスキルの推移」

このワークショップでは、縦軸に「読む」、「書く」、「問いをつくる／質問する」のスキル到達度（0〜100％）、横軸に子どもの年齢（0〜18歳）を示す折れ線グラフが提示されました。参加者たちはこのグラフをもとに「問い」をつくり、意見交換を行ったわけですが、この活動は、シンプルながらも教育の本質を深く捉えたものでした。

議論のなかで、子どもの成長過程における「読む力」、「書く力」、「問いをつくる力」の発達や、幼少期に高い水準にある「問いづくり」の力が年齢を重ねるにつれて失われる理由についてなど、様々な視点から考察を深めました。この時の体験は、私の学習・教育観に強いインパクトを与えることになりました。

「問いをつくることは、読むこと、書くことと並び、学びの本質的な要素なのではないか？」

このような問いが、私のなかに深く刻まれたわけです。

その後、本書で提示されている五つのスキル**「読む・書く・話す・活動する・研究する」**に出合ったことで、私の「問い」に対する「答え」への道が開けたように感じました。この五つ

のスキルは、単なる学術的な技術ではなく、すべての世代における「学びの連続性」を明確に示しているからです。

幼少期に育まれる「読む力」、「書く力」、「問いをつくる力」は、中等そして高等教育において**「読む・書く・話す・活動する・研究する」**へと進化します。このことに気づいた瞬間、私は「これこそが学びの本質だ！」と強く感じ、翻訳プロジェクトの立ちあげによって一層内なる動機を見いだしたわけです。

本書を通じて、大学生や大学院生が学問により深く、実践的に取り組めるようになることを願っています。さらに、すべての教育者や社会人が成長のためのヒントを得て、現在抱えている問題を解決するための糸口を見つける一助となれば幸いです。

最後に、本書の構成について説明しておきます。

本書のメインテキスト（第1～6章）では、原著者であるザカリー・ショア氏が提案する**「読む・書く・話す・活動する・研究する」**という五つのスキルが順に取り上げられています。その概要については、「イントロダクション」において原著者自身が詳しく解説しています。

そして、日本語版である本書では、以下に挙げる工夫を盛りこむことにしました。もちろん、ザカリー・ショア氏の了解を得ております。

・各章の冒頭に、日本の大学教員と学部生・大学院生の4名が本書を読んでいくための対話形式の小文を収録しました。
・各章末に、「大学での学びのイマ」を考えるための重要なキーワードを解説した「訳者コラム」を掲載しました。

・巻末には、本書における重要用語集を追加し、理解をさらに深めるための参考資料としました。

　これらの工夫により、日本の大学生・大学院生にとって、本書が大学での学びを効果的に深めるツールとなることを目指しました。みなさんが日々学んでいる情景を思い浮かべながら読み進めていただければうれしいです。きっと、リアリティのあるイメージが頭の中に投影されることでしょう。

　それでは、本文を読み進めていきましょう。その一歩一歩が、あなたの学びをより良いものに「ハック（改善・進化）」していくことを願っています！

各章の冒頭に掲載した「対話シーン」の登場人物

ケニチ：京都 SAN 大学生命科学部教授。学生に優しく、ユーモアを交えながら指導する。料理と音楽が趣味で、学問と生活のバランスを大切にしている。

タカシ：京都 SAN 大学経済学部 1 年生。好奇心旺盛だが少し内向的。大学の勉強スタイルに戸惑いながらも、新しい学びに意欲的。

ミホ：京都 SAN 大学外国語学部 3 年生。就職活動と卒業研究に奮闘中。社交的でリーダーシップはあるが、将来のキャリアに不安を抱えている。

ユキカ：京都 SAN 大学大学院・生命科学研究科修士 1 年生。研究に情熱を注ぐが、完璧主義な一面もある。将来のキャリアに迷いながらも研究を続けている。

もくじ

訳者まえがき　i

●▶ イントロダクションを読む前の学生との対話　2

イントロダクション　3

　(訳者コラム)　オンライン学習と自己管理　12

●▶ 第1章を読む前の学生との対話　14

第1章　読む方法(パート1)──テキストを解剖する　15

アクティブ・リーディングの方法　23
　ステップ①　タイトルとサブタイトルを分析する　23
　ステップ②　目次を詳しく確認する　25
　ステップ③　最後の段落を最初に読む　26
　ステップ④　序文を読む　29
　ステップ⑤　最も重要な文章や段落に重点を当てる　30
　より大きなテーマと関連づける　32
　アクティブ・スキミング　33

やってみよう　35
　ステップ①　章のタイトルとサブタイトルを分析する　36
　ステップ②　目次を詳しく確認する　37
　ステップ③　最後の段落を最初に読む　39
　ステップ④　序文を読む　47

複雑な文章を簡潔にする　55

まとめ 59

訳者コラム 生成AIとの協働——新たな学習パートナー 60

●▶ 第2章を読む前の学生との対話 62

第2章 読む方法(パート2)——テキストを批評する 63

批評とは「何か」 65

批評とは「何ではないか」 66

安易な批評——それは、しないようにしましょう 67

批評の戦術——議論の構図を描く 68

やってみよう 71

論理への挑戦——批評の実践 77

まとめ 85

訳者コラム アンラーニング——学び直しのための心構え 87

●▶ 第3章を読む前の学生との対話 88

第3章 書く方法 89

素早く要点に到達する方法——「コロンボの原則」を使う 90

明確に構成するための公式 91

文章を魅力的にするためのスタイル戦術 102

原書コラム 116

まとめ　120

訳者コラム　インターセクショナリティと学びの多様性　121

●▶ 第4章を読む前の学生との対話　122

第4章 話す方法　123

話すことの目標——聴衆を引きこみ、啓発する　125

意見交換や話し合いの戦術　126

プレゼンテーションの作成　133

マルチメディアを活用する　145

まとめ　147

訳者コラム　——学際的な研究とクリティカル・シンキング　149

●▶ 第5章を読む前の学生との対話　150

第5章 行動する方法　151

原書コラム　152

アドバイザー（指導教員／教授）との関係　154

批判に対処するための心構え　161

印象管理　165

庇護者を見つける　170

図書館での振る舞い　177

もくじ ix

　　まとめ　182

　　訳者コラム ── リモート環境とデジタルツールの活用　184

●▶ 第6章を読む前の学生との対話　186

第6章 研究の方法　187

　研究の目標 ── 意味のある問いに答える　191

　問いを見つけるための五つのステップ　198

　　　ステップ①　専門家に尋ねる　198
　　　ステップ②　自分のテーマに関する最新の本／論文（2冊）を手に入れる　199
　　　ステップ③　さらに、その次の最新の本／論文（10冊）を手に入れる　200
　　　ステップ④　それらが意味を成すかどうかを確認する　200
　　　ステップ⑤　もう一度専門家に尋ねる　201

　研究のための戦術　202

　まとめ　224

●▶ 総括としての学生との対話　227

訳者あとがき　228

本文における重要用語集　232

お断り　本文中にある［　］は訳者による補記となります。

Zachary Shore
GRAD SCHOOL ESSENTIALS
A Crash Course in Scholarly Skills

Copyright © 2016 by The Regents of the University of California

Japanese translation published by arrangement with University of California Press
through Japan UNI Agency, Inc., Tokyo

大学での学びをハックする
──21世紀のアカデミックスキル短期集中セミナー──

イントロダクションを読む前の学生との対話

タカシ 先生、大学生活がはじまってから少し経ちましたが、何をどう学べばいいのか、正直まだよく分かっていません。特に、自分がどんなスキルを身につけるべきかがはっきりしなくて……。

ケニチ その気持ちよく分かります。大学生活では新しい経験が多く、最初は戸惑うことも多いでしょう。この本は、君のような学生が、大学での学びを最大限活用できるように書かれたものです。

タカシ 具体的には、どのようなことが書かれているんですか?

ケニチ この本では、大学で必要となる五つの基本的なスキルが紹介されています。それは、**「読むこと・書くこと・話すこと・行動すること・研究すること」**で、この五つのスキルをしっかりと身につければ、学びを深め、自分の目標に向かって確実に前進できるようになります。

タカシ それぞれのスキルについて詳しく学べるんですね。でも、どの順番で読んだらいいんでしょうか?

ケニチ そうだね。まず、イントロダクションで本全体の概要をつかんでほしいです。その後、各章において、一つずつスキルを掘り下げていくといいでしょう。ちなみに、各章の最後には学んだことの「まとめ」があります。これらを活用して、少しずつ自分のペースで進めていくといいでしょう。

タカシ 分かりました! 少し安心しました。まずはイントロダクションから読んでみます。

ケニチ ぜひ、そうしてください。大学生活を楽しみながら学びを深めていってもらえたらうれしいです。何か質問があれば、いつでも相談に来てください。(hatenathon.office@gmail.com)

タカシ ありがとうございます。これからの学びが楽しみになってきました!

イントロダクション

必要なスキル

　小ぶりな本書ですが、あなたにとって、とても有効となる内容が書かれています。これから読むことになるヒントや学ぶべきスキル（知識、技術、応用力）は、ほとんどの場合、学校できちんと教えられることはありません。もし、パフォーマンス（能力、成果）を向上させながら時間を節約したいと思うならば、これらのスキルは非常に重要となります。

　学士号、修士号、あるいは博士号を目指している人は、「**読むこと**」、「**書くこと**」、「**話すこと**」、「**行動すること**」、そして「**研究すること**」という五つのスキルを習得する必要があります。残念なことに、多くの人がこれらを効率的に習得する方法を学んでいません。その結果、多くの学生が効率の悪い読み方をし、まとまりのない文章を書き、いい加減に話し、不適切な行動をとり、無駄に研究を行っています。

　もし、合理的で、集中できる方法で努力をすれば優れた成果が出せるでしょうし、もっとゆったりとした時間が過ごせるはずです。

　私は、これらの五つの重要なスキルを、効率よく習得するための方法を本書で伝えたいと思っています。ここで紹介している方法を使えば、少ない労力で最大限の成功を収め、学位取得への道を切り開くことになります。

　私が目指しているのは、あなたがより楽しく、充実した学生

生活が送れるようになることです。あなたのパフォーマンスが高く評価され、教授や仲間たちからその努力が認められることを願っています。

そのために必要なことは、たった二つです。まずは、知的で洗練されたやり方で学ぶ意欲をもつことです。そして、その方法を効率よく教えてくれるアドバイザーがそばにいることです。

例えば、文章力を高めるために以下のことを教えます。

・コロンボの原則[1]を使う——このスキルを使えば、あなたのレポートや論文の主要な議論に読者を引きこむことができます。
・文をバネ仕掛けにすること[2]——これは、ライターズブロック（書くことが思いつかないスランプ状態）を克服し、常に書くべきことが分かるようにするトリックです。
・論文の構造を明確にするために、三つの異なる公式[3]を使用すること。

また、効果的なプレゼンテーション（視覚的かつ口頭で伝えるための手法）を行うために、以下のことを教えます。

・HEFTYルールを適用すること——これによって聴衆を引きこみ、興味をもってもらうための方法を学びます（第4章で詳述）。
・緊張を克服し、自信をもって話すためのプロセス（5段階）を踏むこと。

さらに、効率的に研究を進めるために次のことを示します。

- **問いを8語以内**［日本語の場合は30字から40字］**に圧縮し、トピック（話題。テーマのなかにある特定の小さな事柄）に集中すること。**
- **論文を具体的な一文に凝縮し、教授や自分自身に感銘を与えること。**
- **プロジェクトに情熱を注ぐため、より大きな目的や概念と結びつけること。**

これらは、あなたのパフォーマンスを大幅に向上させるためのスキルです。私は、「何をすべきか」を教えるだけでなく、「どのようにしてそれを行うのか」まで教えていきます。とはいえ、私が論じる方法が「すべての人に効果がある」と保証することはできません。それができるのは詐欺師ぐらいでしょう。

しかし、これらの方法が、私自身だけでなく、私が教えた多くの学生たちにとっては非常にうまく機能した、ということだけはお伝えしておきます。

（1） 第3章で詳しく説明されています。アメリカで制作・放映されたサスペンス・テレビドラマ番組『刑事コロンボ』に見られる、物語の展開パターンを指しています。全69話。日本では、1968年から1978年までの45本は『刑事コロンボ』として、1989年から2003年までの24本は『新・刑事コロンボ』として放映されました。

（2） 「第6章 研究する方法」の「研究のための戦術」で詳しく説明されています。問いや仮説を言語化する時には、そのなかにある言葉を、解放を待ち望む潜在的エネルギーが圧縮された「バネ仕掛け」のように表現すべきである、ということを意味しています。

（3） 「第3章 書く方法」の「明確さのための構成」で詳しく説明されています。

ですから、これらをぜひ試してみてください。自分が望むスタイルに適応させてみてください。そうすれば、これらのアドバイスが時間と手間の節約になると気づくはずです。もし、合わないと思ったものは捨ててしまっても構いません。

本書は、主に人文科学や社会科学の学生を対象にしたものです[4]。大学院生だけでなく、これらの技術を学んで活用する学部生も、非常に大きなメリットが得られるでしょう。さらに、**これらのスキルは、在学中においてのみ役立つわけではありません。卒業後の職場でも非常に役立ちます。**大学教育を受けた人々は、情報を収集し、分析し、それを発表するようなキャリアに進む場合が多いからです。

例えば、企業の報告書を研究したり、顧客の背景を調査したり、学生のレポートを採点したり、あるいはニュースの報道内容から仕事に関連するデータを抽出する際、目的をもった効率のよい読み方ができれば成功への道を開くことになります。そして、単に時間を節約するだけでなく、問題に関する理解や分析能力を向上させることになります。

念のために言いますが、私は「速読」を推奨しているわけではありません。テキスト（言葉や文章で表現された情報や内容）のなかから本質を抜きだし、見極める能力を究めるのです。このスキルは、高い生産性をもつための出発点となります。

多くの職業において、メモ、報告書、会議の議事録など、何らかの文書を作成することが求められます。いずれは、自分の考えを同僚や上司の前で発表するという機会に直面することでしょう。優れた文章力と話す力は、成功する人々にとっては最

も重要なスキルとなるのです。

　幸いなことに、素晴らしい役者であったり、生まれつきの著述家である必要はありません。必要とされるのは、構造とプレゼンテーションにおける基本的な技術の習得だけです。それができれば、大学での成功はもちろん、卒業後における成功のチャンスも大幅に増加します。

　多くの人がこれらのスキルから利益を得ることになるわけですが、私は特定のタイプの人を念頭に置いて本書を書きました。それは、**「学ぶことが大好きな人」**です。大学や大学院での学びに関するガイドブックには、学ぶことに対して冷笑的、懐疑的な見方をしているものがあります。そうしたガイドブックのなかには、大学での時間を、周囲の人々をうまく操って、出世するためのゲームのように描いているものもありますが[原1]、本書はそのような著し方をしていません。

　私は、新しい考えや発想、概念について考えることを大切にする人々、知識を真剣に受け止める人々のために本書を書きました。もし、あなたが、**「周囲の世界をより深く理解すれば豊かな人生になる」**と信じているなら、本書はまさに「あなたのための本」となります。そして、もしあなた自身が知的な意味における突破口を切り開きたいと願っているなら、本書に書かれているヒントがそれに近づく手助けとなるはずです。

(原1) Fredrick Frank, Karl Stein『Playing the Game：The Streetsmart Guide to Graduate School』（iUniverse, 2004）や、Pierre van den Berghe の古典的かつユーモラスな作品『Academic Gamesmanship：How to Make a Ph.D. Pay』（Abelard-Schuman, 1970）を参照してください。
(4) 自然科学の学生にも十分役立つ内容です。

残念なことに多くの学生が、崇高な情熱をもって学びはじめたにもかかわらず、最終的には、不満やいら立ち、欲求不満や苦々しさ、そして倦怠感に苛まれてしまっています。実際、そのような学生をたくさん目にしてきました。長い期間にわたって学び続けるなかで彼らに欠けていたもの、それはお金や時間、あるいは意欲ではありませんでした。最も不足していたのはメンターシップ、つまり指導教員や教授からのタイムリーかつ適切な指導だったのです。

　仮に、教授たちが学問の「やり方」を善意で教えていたとしても、学生が理解できるようには説明できなかったのです。

　そのような状況を変えたい、と私は考えています。もちろん、すべての人に届く方法をもっているわけではありませんし、人によって学び方は異なります。しかし、私が伝える方法は、多くの人にとって有益なものであると信じています。そして、あなたがその一人になってくれることを心から願っています。

　ところで、なぜ私はこのような本を書いたのでしょうか。私はオックスフォード大学で、「現代史」の博士号を3年半で取得しました。その後、10年間で4冊の学術書を出版しています。このような業績を残せたのは、「**スマートさ**」と「**一生懸命さ**」を兼ね備えた働き方をしたからです。

　また、この間に私は、ハーバード大学で博士研究員としての研究を行ったほか、スタンフォード大学で1年間、研究奨学金をもらいながらの特別研究員職を経験し、過去18年にわたって軍人を対象とした大学院コースで教えてきました。ちなみに、オックスフォード大学では、アメリカよりもはるかに早く学位

の取得が可能となっています。実際、私のデビュー作は博士論文を発展させたものでした。

これらの資格や実績だけではなく、物事を成し遂げるためにはどうしても必要な知識があることを私は知っています。だからこそ本書において、学問的な生産性に関して学んだことを共有したいと思っているのです。なぜなら、あまりにも多くの人々が、満足できるペースで意味のある学術成果が生みだせていないからです。何年経っても研究論文や学位論文が完成しませんし、本を著すことが「夢物語」となっています。

もちろん、多くの研究業績を残すことが唯一の目標ではありません。毎年、膨大な量の「学問」と呼ばれるものが生みだされていますが、そのほとんどは瞬く間に忘れ去られていきます。学部生であれ、大学院生であれ、または将来において、あなたが学問の世界で生き続けていくのであれば、目指すべき道は質の高い学術成果を生みだすこととなります。

本書において提供するヒントが、最高の成果を合理的な時間内で生みだすためのチャンスを最大化する、と私は信じています。そして、本書が、あなたが望む結果を手に入れるための助けになることを心から願っています。

各章の概要

各章において、特定の重要なスキルに的を絞った、構造化された取り組み方を提供しています。はじめるための公式や型、そして型にはまりすぎないための戦術を詳しく説明しています。

第1章の「**読む方法　パート1**」では、テキストを解剖する

方法を説明し、何時間も無駄に読み続けてしまう「**ブック・ゾンビ**」と呼ばれる邪悪なものを打ち負かす方法を教えます。

まずは、論文を理解するための読む方法を、1982年に制作されたコメディ映画『Airplane II（フライングハイ2　危険がいっぱい月への旅)』を例に挙げて説明します。そして、能動的に、テキストのあちこちを跳び回りながら、読むための5段階の方法を提案します。ただ理論を述べるだけではなく、この方法を使って、テキストを実際に分析するプロセスを一緒に学んでいきます。

第2章の「**読む方法　パート2**」では、テキストを批評することの本当の意味を説明したうえで、その方法を教えます。第1章と同じく、学術論文の一部を例に挙げて、その論点の欠陥を発見するプロセスを解説します。目標とするのは、あらゆる学術文献を批評する際に適用できる実践的な方法の修得です。

第3章の「**書く方法**」では、私が「**コロンボの原則**」と呼んでいるものを活用して、明確かつ簡潔に書くための三つの公式を提供します。

各公式には、エッセイや論文、博士論文などの冒頭をどのように作成するのかが示されています。優れた文章を書くためのルールを明確にし、書く際に避けるべき「**バーテンダーの重荷**」（第3章で詳述）についても説明します。また、読者に緊張感をもたせるスキルも教えます。

第4章の「**話す方法**」では、プレゼンテーションにおいて目標となる、「聴衆を引きこみ、啓発すること」を達成するための5段階の公式を紹介します。また、プレゼンテーションを効

果的なものにするための戦術と、それらを覚えるための四つの重要な要素を、記憶術を使ってまとめます。

この章の主な目的は、構造の重要性を強調することとなっています。明確な構造は明確な思考を促進します。優れたプレゼンテーションの本質は、優れた文章と同じく明瞭さにあります。さらに、教室での意見交換や話し合いに参加する際の力関係についても説明し、多様な発言を引きだすためのヒントを提供します。

第5章の「**行動する方法**」では、教授や仲間との関係をどのように築いていくのかについて議論します。人間関係をうまく築くことは、様々なキャリアにおいて最も重要な要素となります。学部生よりも大学院生のほうが重要となるでしょう。なぜなら、しばしば将来のキャリア（職業上の経験や実績、経歴）が教授の支援にかかわってくるからです。

念のために言いますが、第5章で述べるアドバイスは、長年にわたる観察や個人的な経験、そして学生が直面することになる問題に基づいたものとなっています。

最後に、第6章の「**研究する方法**」では、プロジェクトを合理的に計画して、努力を集中させる方法を説明します。まず、リサーチクエスチョン（研究課題）を見つけるための五つのステップを紹介します。意味のある問いを見つけることは最も難しい段階となるため、自分の好奇心を満たしつつ、キャリアにも役立つ適切な問いを生成する方法について解説します。

後半では、最も陥りやすい研究の落とし穴に対処し、問いをより大きな問題に結びつけ、独創性を育む方法について説明し

ます。また、研究をはじめる前に結論を出してしまうという**「有害な落とし穴」**を避ける方法も教えることにします。

では、ここから本題に入りましょう。最初にお見せしたいのは、テキストを効率的に深く読む方法です。多くの人は、すでに**「読む方法」**を知っていると思いこんでいますが、実際にそのスキルを活用していません。

多くの場合、受動的に、直線的に読んでいるだけなのです。私がこれから提供する方法を使えば、より賢く読み、短時間で多くのことが学べるはずです。

その前に、**「ブック・ゾンビ」**とは何かを知り、それがあなたの頭を蝕むことがないようにするための方法について理解する必要があります。その答えは第1章にあります。

訳者コラム

オンライン学習と自己管理

オンライン学習の増加に伴い、自己管理の重要性が高まっています。過ごし慣れている自宅では集中しづらいため、環境を整え、時間を計画的に使うことが鍵となります。仮に自宅であっても、勉強専用の場所を設け、机上には必要なものだけを置きましょう。スマホなどの誘惑を遠ざけ、時間を区切って学習することで集中力は維持できます。例えば、「ポモドーロ・テクニック」では、25分の学習と5分の休憩を繰り返すことで効率的な学習が可能となっています。

初めから完璧を目指さず、毎日同じ時間に学習するなど、小さな行動から習慣化をはじめましょう。自己管理が身につくと、時間の有効活用ができ、学習の質が向上します。無理をせず、自分のペースで進めることが成功のポイントとなります。

第1章を読む前の学生との対話

タカシ イントロダクションを読んで、学びの全体像が少し見えてきました。大学では「読む」、「書く」、「話す」、「行動する」、「研究する」の五つのスキルが大切なんですね。

ケニチ その通りです。この五つが組み合わさることで学びが深まり、次のステップに進めます。

タカシ 特に、「読む」スキルが最初に紹介されていたのが印象的でした。やっぱり基盤になるんですね。

ケニチ 「読む」力があれば、情報を的確に理解し、ほかのスキルにもつなげやすくなります。だから、まずは効率的に読む方法を学ぶことが大切なのです。

タカシ なるほど。でも、ちゃんと身につけられるか少し不安です。

ケニチ 大丈夫。この本は無理なく学べるようになっているから、焦らず、手を動かしていけば、自らの成長が実感できるはずです。

タカシ では、第1章「読む方法（パート1）」を読みはじめることにしますが、大学ではたくさん本を読む必要があるので、どう進めればいいのか……。

ケニチ 第1章では「アクティブ・リーディング」を学びます。

タカシ 速読とは違うんですか？

ケニチ 速読は「速く読む」ことが目的だけど、アクティブ・リーディングは「深く理解する」ための技術です。著者の主張や重要なポイントを効率的につかむ方法です。

タカシ なるほど。たくさんの資料を読む時に役立ちそうですね！

ケニチ そうですね。タイトルや目次、導入や結論を活用して、素早く本の核心にたどり着くコツを学びましょう。

タカシ これなら、読書のコツがつかめそうです！

ケニチ 実践しながら試してみて、分からないことがあれば、いつでも聞いてください。

第1章
読む方法（パート1）
——テキストを解剖する

次のような経験をしたことはありませんか？

——本にかじりついて、ひたすら読み進めている。頭の中では単調な独り言が続き、文章の流れに任せてページをめくっている。まるで催眠状態に入っているかのように。そして、突然、電気ショックを受けたかのようにハッと目を覚まし、「なんてことだ！　この20分間、何を読んでいたのか全く分からない！」と気づく。

ご安心ください。あなただけではありません。ほとんどの人が、様々な場面で「**ブック・ゾンビ**」になったという経験があります。言うまでもなく、受動的に読書をした結果ですから、今後、二度とこのような読み方をしてはいけません。

受動的な読書とは、方向性をもたずに本を開いて、最初から最後まで読み進めて理解しようとする行為のことです。方法も計画も、特定の目的もないまま読むというのは無意味です。これを「**直線的な読書**」とも呼びますが、何か特定の情報を探している場合にはまったく役に立ちません。

ニューヨークの電話帳で「Zachary Z. Zypster（ザカリー ザイプスター）」さんの番号

を探す時、「最初に載っている『Aaron Archibald Ababa』から探しはじめて、『Zypster』さんが見つかるまでずっと読み続けるしかない。この厚い本の、どこかにいるはずだ！」と言っているようなものです。
（※「Aaron Archibald Ababa」には「アーロン アーチボルド アババ」とルビ）

　よいお知らせがあります。電話番号が簡単に検索できるように電話帳が整理されているのと同じく、学術テキストも同じように整理、構成されているのです。必要な情報を見つける際には、テキストがどのように構成されているのかを理解すればいいだけです。本章では二つの目標を掲げています。

❶大幅に時間を節約すること。
❷読解力と記憶力を向上させること。

　これらの目標を達成するためには、受動的ではなく能動的に読むことが重要となります。ここで、能動的な読書のための五つのステップを紹介しましょう（23ページ参照）。この方法を習得するには少し時間を必要としますが、**一度身につければ学業成績は飛躍的に向上し、精神面における健康や感情が安定し、あなたという存在に輝きが増すはずです。**

　急がないでください。その方法を伝える前に、重要な注意点をいくつか挙げておきます。

　この読書法は、すべてのテキストに適しているわけではありません。人文学や社会科学の学術書や論文には非常に効果的で、自然科学の論文でもある程度応用できますが、前近代や古典の代表的な作品、例えばプラトンの『国家』やマキャヴェリの『君主論』のような本には適していません。なぜなら、私がこれか

ら紹介する方法は、テキスト内を跳び回り、最も重要なポイントを見つけ、要点があまり書かれていない部分を読み飛ばすために設計されたものだからです。

現代におけるほとんどの学術文章であれば、このやり方で大丈夫なはずです。しかし、先ほど挙げた古典的な文章や少し古い文章の場合は、同じような構造になっていないことが多いのです。大学などでそれらが課題として提供されている理由は、非常に注意深く、初めから終わりまで、読み飛ばさないという姿勢が求められているからです。

もう一つ、重要な注意点に触れておきます。注意深く、慎重に読むことは本当に大切です。これから教える方法は、テキストのなかを直線的ではない方法で読み進む手法となりますが、だからといって、すべてを読まなくてもいいというわけではありません。時間がある場合はすべてを読むべきです。それが、私自身が行っている方法でもあります。

ただし私は、最初にテキスト内を跳び回りながら、著者の主なポイントをしっかりと把握しています。そして、最後に、テキスト全体を深く読み返しています。

もちろん、全体を読む時間がない場合もあるでしょう。特に大学では、必要な時間が十分に取れないことが多いものです。しかし、ここで伝える方法を使えば、少なくとも作品の本質を把握し、授業での議論についていけるようになるはずです。

理解すべき最も基本的なことは、内容から「**主張**(thesis)」を読み取ることです。主張とは、著者が示す主要な議論のことで、すべての著者が備えているものです。

例えば、バーで飲みながら人々の会話に耳を傾けているシーンをイメージしてください。議論が展開されているところには必ず「**主張**」が存在しています。

　酔っ払ったスポーツファンの一人が「ニューヨーク・ヤンキース」を称賛し、もう一人は「ボストン・レッドソックス」の素晴らしさを熱弁しています。ヤンキースのファンは、「投手陣がチーム全体を優れたものにしている」と主張します。これが彼の「主張」です。そして、その主張を裏付けるために、この熱狂的なファンは、先発ローテーションに入っているピッチャーの成績を興奮しながらまくし立てていくことでしょう。それらの成績が彼の「**根拠**」となり、彼の「主張」の骨格を形成しているわけです。

　学部生や大学院生のあなたが成すべきことの一つは、あらゆる「主張」の骨格を見つけ、そのなかで最も弱い部分を特定して、それを崩すことです。

　補足しておきますが、「主張」を読むべき理由は二つあります。

　学問の世界はすべて主張と議論に基づいていますので、まず学生は、それらを批判的に評価する方法を学ぶ必要があります。私たちが「主張」と呼ぶ議論の的を見つけて分解することが、あらゆるテキストにおけるあなたの主な任務となります。

　例えば、フランス革命に関する5冊の本が課題として与えられたとしましょう。王が処刑されたことについて、5冊の本すべてを読む必要はあるでしょうか？　どれか1冊読めば十分ではないでしょうか。にもかかわらず5冊もの本があるのは、各著者がその出来事［この場合はフランス革命］について異なる

解釈をしているからです。

したがって、あなたが最初にすべきことは、各著者がその主張で表現している特定の解釈を特定することとなります。そして、その主張を分解し、最も弱い部分を見つけるのです。要するに、読む時には「**探して批評する**」というミッションを遂行しているということになります。主張を探しだし、それを批評することが目標となります。

批評とは、その本の「強み」と「弱み」を評価することを意味します。批評するうえにおいてはバランス感覚が問われますが、まずは弱みを特定し、それを評価することが役立つでしょう。完璧な本を書く人などは存在しませんので、それでいいのです。目標となるのは、私たちの理解を深めることです。

重要なのは、著者が私たちを正しい方向に導いてくれているかどうかです。その主張と根拠が詳細な検証に値するものであれば、その本は、当該学術分野の進歩／発展に貢献するものとして評価されます。なぜなら、**その本が「真理」に一歩近づけてくれることになるからです。**

この実践方法があなたの成功にとって極めて重要であることを確認するために、アクティブ・リーディングの簡単な例を試してみましょう。ここでは、古い映画の一場面を例に挙げて主張を特定し、それを批評する方法を説明していきます。

1982年に制作されたコメディ映画『フライングハイ2　危険がいっぱい月への旅』のあるシーンでは、二つの異なるニュース放送が描かれています。

アメリカのニュースでは、ニュースキャスターが「モスクワ

中心部で大規模な火災が発生し、その結果、死と破壊がもたらされた」と報じています。次に、同じ出来事を報じるソ連のニュースが映しだされ、ソ連のニュースキャスターが「モスクワ中心部で栄誉ある火災が発生し、新しいトラクター工場を建設するための道が開かれた」と述べています。

あなたはソビエト連邦が崩壊［1991年］したあとに生まれたかもしれませんが、ソビエトのニュースが検閲されていたことはご存じでしょう。ソビエト社会の問題を軽視したり、隠したりしていたのです。

では、この出来事における両国の解釈を批評しなければならないと仮定してみましょう。どうすればよいでしょうか？　とりあえず、ソ連の放送からはじめてみましょう。

まず、ニュースキャスターの主張を特定する必要があります。彼の主張は、「火災はモスクワにとって、そしておそらくソビエト社会全体にとってもよい出来事であった」というものです。それに対して、アメリカのニュースキャスターの解釈（主張）は、「火災は死と破壊をもたらした悪い出来事であった」と言えます。

幸運なことに、両国のキャスターが一つの基本的な事実には同意しています。それは「火災が発生した」ということです。それ以外は、解釈の余地があるということです。これは、フランス革命の場合と同じです。王が処刑されたのか、都市で火災が発生したのかにかかわらず、各著者はその出来事に対して異なる解釈を提供しているのです。

では、ソ連のキャスターの主張をどのように批評すればよい

でしょうか。まず、ソ連のキャスターが立てている仮定をリストアップしてみましょう。

❶火災は「栄誉ある」ものであった。
❷火災が新しいトラクター工場のための道を切り開いた。

これらを順番に疑問視していきます。

「火災が栄誉あるものであった」という主張は主観的なものです。火災（あるいは、ほとんどの出来事）には、何が良いか悪いかを決定づけるだけの内在的な特性はありません。通常、私たちは、ある出来事の性質をその影響に基づいて判断しています。

ソ連の場合、火災における栄誉は、トラクター工場を造るための道が切り開かれたという点で証明されています。したがって、もしトラクター工場に関する主張が疑わしいものであると判明すれば、火災に対する栄誉も疑わしいものになってしまいます。

同じく、「火災がトラクター工場のための道を切り開いた」という主張に異議を唱えるためには、その場所に工場を建設するという計画があったのかどうかを確認しなければなりません。すでに、そのための資金が確保されていたのか？　影響力のある人物が、トラクター工場の建設を決定したという記録があるのか？　もし、このような証拠がなければ、ソ連の主張は怪しいものとなります。

同様に、アメリカのキャスターが「火災はひどいものだった」と主張する場合も、その死者や破壊に関する証拠を求める必要があります。実際に何人が亡くなったのか、亡くなった人々が火災によるものであったのかどうかについて証明できるのか？

この火災で、実際に何が破壊されたのか？　建物は崩壊したのか？　ということです。

　いかがですか、ポイントは理解できるでしょう。私たちは、主張を裏付けるための確固たる証拠を探しているわけです。もし、それが見つからない場合、もしくはキャスターが提供していない場合、またはキャスターが示した証拠が事実ではなく、単なる主張でしかなかった場合は、その仮説を崩すことができるのです。

「**主張**」を読むべき理由として、もう一つ重要なことがあります。

　学部のコースのなかでは、またほとんどの大学院のコースでは、課される読書量に圧倒されてしまうという場合がよくあります。すべての課題図書を一言一句読もうとすれば、膨大な文字の海に溺れてしまうことになります。眠れなくなり、食事もできないでしょう。そして、あなたは「**ブック・ゾンビ**」の一人となるでしょう。

　やつれた陰鬱な姿で、大量の本をリュックサックに詰めこんだまま、大学の廊下を徘徊するようになります。彼らは亡霊のように現れ、這うように教室から教室へと移動し、まともな考えを表現することもできません。

　このような状態を、私は「**言語飢餓症**」と呼んでいます（今つくった言葉です！）。この病気には、本書を読まなかった人がかかります。この症状に苦しむ人々は、著者の主張を表現することができません。なぜなら、彼らは、積極的で的を絞った

読書方法を学んでいないからです。

ここで、その治療法、または予防策を教えしましょう。それは、一つの重要な戦術を含む五つのステップからなる方法です。まずは概要をお伝えして、そのあとに各ステップの説明をしていきます。

アクティブ・リーディングの方法

ステップ1 タイトルとサブタイトルを分析する。
ステップ2 目次を入念に確認する。
ステップ3 最後の段落を最初に読む。
ステップ4 序文を読む。
ステップ5 最も重要な章、または最も重要な段落に焦点を当てる。

この一連のプロセスにおいて最も有用で大事な戦術は、読んだ内容を自分の言葉で**「言い換え」**、それを**「書き留める」**ことです。常に頭に入れておき、忘れないようにしてください。

ステップ1 タイトルとサブタイトルを分析する

タイトルは、著者の主張への手がかりとなります。論文や本を読むにあたって、あなたが取り組むミッションは**「探しだして批評する」**ことです。最初の課題は著者の主張を見つけることとなりますが、そのためにはタイトルとサブタイトルが近道となります。

もし、タイトルが「ロシアの歴史」のように一般的で味気ないものであればあまり役に立たないかもしれませんが、「文明の衝突」のようなタイトルであれば、著者の主張が文明間の対立に関するものであると推測することができます。そこから、国際紛争がどのように、またはどこで発生するのかに関する従来の解釈に対して、国家間の対立や内戦、人種、イデオロギー、階級の対立などを含む異なる解釈を著者が提示している可能性があると考えられます。

　もちろん、実際に読んでみないと確かなことは分かりませんが、メインタイトルだけでも著者の主張に関する有用な情報を引きだすことができるのです。つまり、タイトルの意味を考えさえすれば、主張を見つけだす準備が整い、時間の節約ができるのです。

　次に、サブタイトルです。通常、「コロン（：）」のあとに続くフレーズですが、これも著者の主張に関する有力なヒントとなります。

　例えば、タイトルとサブタイトルが「グループワークの天才：協働作業の創造的な力」のようなものであれば、「偉大な考えは、一人の天才が木の下で瞑想して生まれるものである」という考え方に著者は賛成していない可能性が高い、と推測できます。

　また、「生まれつきよい人間：意味のある人生の科学」というタイトルであれば、著者が科学的、おそらく生物学的に基づいた議論を展開し、人間には生まれつき善良な傾向がある、あるいは少なくとも善良になる能力を備えている、と主張していることが予測できます。

もちろん、さらに読み進めないと実際のところは分かりませんが、頭の中で主張を見つける準備をしていくのです。絶対にやってはいけないことは、タイトルやサブタイトルを流し読みして、著者の主張を思い描くための時間を設けないことです。「**ブック・ゾンビ**」を打ち負かすためには、書かれているすべての言葉について積極的に考えることからはじめる必要があります。それは、タイトルからはじまるのです。

ステップ 2 目次を詳しく確認する

各章の見出しも、著者の主張を探る手がかりとなります。著者は、それぞれの章を使って主な主張を補強しようとしています。各章は、全体の主張を支えるサブアーギュメント（補助的な論点）として機能しますから、各章のタイトルを注意深く読む時間を取りましょう。

先ほど説明したタイトルとサブタイトルの分析プロセスを同じように進めていきます。各章において、著者が何を伝えようとしているのか、自分に問いかけてみてください。

例えば、「序章」や「初期の年月」といった平凡な見出しだとあまり役に立たないでしょうが、多くの場合、章の見出しは著者の見解を強く示唆したものとなっています。また、サブヘディング（項などの見出し）も、タイトルと同様の目的を果たします。これらを見つけた時は、それがどのような手がかりを提供しているのかについて考えてみましょう。

例えば、マーク・モイヤーが著した『放棄された勝利：ベトナム戦争　1954～1965』[原1]という本で考えてみましょう。タ

イトルとサブタイトルから、著者はアメリカ（または誰か）がベトナム戦争に勝つことはできたが、あえてそうすることはしなかったと主張しているのではないかと推測することができます。

次に、目次に書かれている章の見出しを探っていくと、「反乱」、「約束」、「攻撃」といった言葉が見つかりますが、これらからはあまり多くの情報は得られません。しかし、ほかの章の見出しを見ると、「裏切り」というものがありました。ふむ？ 著者は何を示唆しているのでしょうか。誰かが誰かを裏切ったのでしょうか？ でも、それは誰なのでしょうか？

次に「自己制約」という章の見出しを見つけました。自らに制約を課す人などはいるのでしょうか？ それは、なぜでしょうか？ さらに「自己破壊」という見出しもありました。ここで再び、メインタイトルである『放棄された勝利』に戻って考えると、この戦争では勝利が手に入るはずだったのに、それを自ら放棄してしまった（もし、原因が政府や国であれば、それ自体が自らを敗北させた）という推測ができます。

どうですか？ この本をまだ読みはじめていませんが、著者がどのような主張を展開しようとしているのか、ある程度見当がつきませんか。

次は、テキストに深く入りこみ、著者の主張を確認する時間となります。

ステップ 3 最後の段落を最初に読む

著者の主張を見つける準備が整ったら、すぐに**本の最後の段**

落に進みましょう。この方法はミステリー小説にはおすすめできませんが、学術的な本の場合は非常に有効となります。

通常、著者は最も重要な考えを「最後に記す」という傾向があります。もし、著者が熟慮に熟慮を重ねて本を執筆しているのなら、最も重要な考え、あるいは主張を最終段落で要約しているはずです。

「必ずある」とは言い切れませんが、それほど遠くには書かれていないはずです。最後、あるいはその手前の段落に含まれている可能性がとても高いです。

今、あなたが探しているのは、主な考えを簡潔に要約した**「黄金の段落」**です。その段落を見つけたら、自分の言葉でそれを言い換えてください。

読んだ著者の考えを自分の言葉で言い換え、書き留めることほど重要となるテクニックはありません。これを繰り返せば、読んだ内容の理解が深まり、特に教室や授業での意見交換や話し合いの際、記憶から引きだしやすくなります。ですから、この習慣を身につけるように努力してください。

言い換えて、書き留めるのです。そして、その際にはシンプルな言葉を使うようにしてください。詩的なものとか、高尚な言葉を使う必要はありません。また、試験対策用の用語集から引っ張ってきた難解な言葉を使って、巧みに要約する必要もありません。そんなことは重要ではありません。今は、著者の考えを必要最小限の言葉で表現し直すだけで十分です。

(原1) Mark Moyar, "Triumph Forsaken : The Vietnam War, 1954–1965" Cambridge University Press, 2006.

とはいえ、「**可能な限りシンプルな言葉**」にする際には注意が必要です。著者の考えをあまりにも単純化しすぎてしまうと文意を変えてしまう可能性があるため、必要最小限のシンプルさで他者の考えを要約するスキルを学ぶ必要があります。もちろん、本に書かれているすべての文章に対してこれを行うわけではありません。最も重要な文章や段落に対して行います。

次に、結論が書かれている箇所の最初の段落を読むことをおすすめします。もし、あなたが本全体を課題として扱っているのであれば、「結論」と題された章の冒頭部分から読みはじめるのが理想的だと言えます。

本によっては、単に「最終章」と題された章に結論が書かれていることもありますし、学術論文の場合、サブヘディングとして「結論」と記されている場合や、本文から少し離れた場所に空白があって、そこに結論がまとめられている場合もあります。

もし、明確な結論を含む段落が見当たらない場合は、終わりから前へ、つまり逆向きに読みながら、結論を示すキーワード（重要な用語）やフレーズ（言い回し）を探す必要があります。これについては、のちほど詳しく説明します。

結論の最初の段落には「**主張**」が含まれているかもしれませんし、最終段落から得た「**主張**」を補強するものであるかもしれません。繰り返しますが、主張が結論を含む最後の段落や最初の段落で見つからないこともありますが、**そこにある可能性は高い**ということです。

ステップ 4 序文を読む

　次は、序文に戻って流し読みをしてください。結論で見つけた「**黄金の段落**」と同じ内容に、どれだけ早くたどり着けるかを確認します。もちろん、同じ言い回しではないでしょう。コピー＆ペーストされたものではありませんが、基本的な概念が似たような言葉で表現されているはずです。

　ここでも、「**言い換えて、書き留める**」という戦術を使ってください。序文で見つけた黄金の段落を自分の言葉で言い換え、それを書き留めます。そして、それを結論の「黄金の段落」と比較してください。どれくらい一致しているでしょうか？

　基本的に同じであれば、あなたはおそらく「**主張**」を見つけ、その本質を理解したと言えます。もちろん、「確実」だとは言えませんが、あなたが思っている以上に近づいていることになります。

　もし、言い換えたことが一致しない場合は、誤って主張を特定した可能性があります。確信がもてるまでさらに読むか、あるいは改めて「主張」を理解する必要があるかもしれません。

　序文に比べると、結論で表現された主張のなかにはより大きな含みが隠されている場合がありますので、結論の「黄金の段落」に焦点を当ててください。通常、それが最も確実に主張にたどり着く手立てとなります。

　「**なぜ、ステップ4になるまで序文を読まなかったのか？**」と、疑問に思うかもしれませんね。それに対する答えはこうです。

　序文には「しばしば」主張が含まれていますが、結論には「ほ

ぼ確実に」主張が含まれているのです。また、序文にはほかにも様々な情報が含まれていますし、「**探して批評する**」というミッションを行う際に序文を最初に読んでしまうと、足止めを食らってしまう可能性が高くなるのです。

序文は、心を引きつける逸話ではじまることもありますし、既存の文献や分野内の議論をレビューし、自身の研究がその議論にどのように貢献しているのかについて説明することもあります。また、友人や家族、配偶者、図書館の司書や公文書館の職員、ほかの学者、さらには有名人への感謝の意を述べる場合もあります。通常は「謝辞」を述べる部分（「あとがき」など）で書かれるものですが、時には、序文にこっそりと忍びこませている場合もあるのです。

主張を素早く見つけるための最善の方法は、最初に結論をざっと確認することです。そして序文が、あなたの論文に対する理解を確認し、強化する助けとなるでしょう。あるいは、前述したように、序文を読むことで結論だと思っていた内容を考え直すことになるかもしれません。

ステップ 5 最も重要な文章や段落に重点を当てる

「**どうやって最も重要な段落を見つけるのか？**」と思うかもしれませんね。主張が分かれば、重要な段落を特定するのは比較的簡単です。

例えば、主張が「ジョンソン大統領はベトナムでの戦争を選び、和平の機会を逃した」というものであれば、ベトナムが何世紀にもわたって中国と戦争を繰り広げてきた歴史に関する段

落は、興味深く、有益な背景情報となるでしょうが、おそらく、主張を裏付けるような証拠には結びつかないでしょう。今、あなたが求めているのは「主張」を支える主要な証拠です。

　先に挙げたように、ソ連のニュースキャスターが「火災がトラクター工場のための道を切り開いた、それはよいことだった」と主張した場合、そのような工場計画の証拠を見つけなければなりません。著者は、確実にそれを提供しているはずです。しかし、その証拠が説得力をもつかどうかについては、以下に記したことが重要となります。

　学問において主張を証明する方法は二つしかありません。それは「**経験的証拠**」と「**論理**」です。経験的証拠とは、集められる具体的な証拠です。例えば、処刑された王の首や、火災で焼け落ちた建物、助産師の日記など、その人物がどのように生きてきたかを語っているものです。

　一方、論理とは、事実に基づく推論です。もし、誰かが「四辺形の三角形を見た」と言ったら、その人は幾何学的に無知ということが分かります。つまり、著者の経験的証拠を疑うか、または飛躍した著者の論理を疑うかのどちらかとなります。

　読む際には、著者がどのような仮定をしているのかを書き留めてください。後でそのリストを見直し、著者が各主張を十分な証拠と真っ当な論理で支えているかどうかを確認するのです。

　ここで説明したことは、本全体だけでなく、短い論文や本のなかにある各章においても同じく適用されます。もし、論文が課題として与えられた場合は、主張への手がかりを探るために

タイトルとサブタイトルを検討し、さらなるヒントを得るためにサブヘディング単位でざっと読み、最後の段落を最初に読むのです。もし、最後の段落が一文しかなければ、その前の段落からはじめましょう。

仮に、本に掲載されているある章が課題として与えられた場合でも、本全体を調べるのが最初のステップとなります。

強調して繰り返しますが、各章についての批評文の準備をする場合でも、本全体を考慮しなければなりません。**本全体を読む必要はありませんが、その本における著者の主張の概要は必ず把握しておく必要があります。**

なぜ、ある章だけが対象になったのでしょうか？　それは、その章が大きな議論のなかの支持要素として機能しているからです。常に、その大きな議論が何であるかを知っておく必要があります。

ここで、もう一つ有用なアドバイスをしましょう。

◀ より大きなテーマと関連づける

議論の焦点となっている事柄を、より大きなテーマと関連づけることを忘れないでください。特に、論文や本を批評する際には、その背後にある大きな問題が何であるかを見極める必要があります。

ほとんどの研究者は、広い領域の一部を取り上げて書いています。例えば、ある戦闘の分析では、その戦闘を含む戦争全体をどのように見ているのかを反映している可能性があります。

その戦争の分析において著者は、戦争に関係する国々がほか

の戦争においてどのように戦ってきたのか、または外交政策や被支配者への対処方法、あるいはマクロ経済的な構造がその行動にどのような影響を与えたのかまで反映している可能性があります。

あなたの前にある記述が何であれ、著者が解決しようとしている、より広い領域が存在する可能性が高いのです。その論文や本を理解するためには、その領域を知る必要があります。したがって、「**探して批評する**」段階を終えて、主張を特定して批評したあとは、最終的な段階として、その主張をより広い領域と関連づける必要があります。

本書の後半で学ぶように、この行為は自らの研究をはじめる時のよい訓練になります。あなた自身も、狭いリサーチクエスチョン（研究課題）をより広い領域に関連づける必要が出てくるからです。

アクティブ・スキミング

すべての本や論文を一言一句読む時間があるというのは稀なことでしょう。時間があるのは素晴らしいことですが、いつもそうとは限りません。限られた時間のなかで、効率よく行動する必要があります。そのためには、アクティブ・スキミング、すなわち能動的・主体的に行う「**読み飛ばし**」が不可欠となります。

読む章を決めたら、それぞれの章をざっと読んで、サブヘディング［キーワードとなる見出し］があるかどうかを確認してください。これを、タイトルやサブタイトルと同様に活用する

のです。サブヘディングは、主張への手がかりを与えてくれますし、最も重要となる根拠を示すために存在しているのです。

まずは、すべてのサブヘディングを読んで、その章の基本的な構造を把握してください。そのあと、最も重要と思われる段落を選んで集中的に読みます。

また、時間がない時には、段落を飛ばして読み進めていく必要があります。段落は、著者の考えを小さくまとめたものです。一つ一つの文は、段落の内容を説明したり、そのなかにあるメッセージや考えを支持するために必要不可欠な要素で構成されています。その一方で段落は、論文やレポートのなかを跳び回れる小さな単位と考えることもできます。

一般的には「**読み飛ばし**」は段落単位で行うべきです。したがって、段落のインデント[1]があなたの最良の友となります。

各段落のトピックセンテンス(そのパラグラフの主題やポイントを明確にする文。多くの場合、段落の最初の文)を読み、その段落の残りを読むかどうかを決めます。読むか、飛ばすか、それだけを決めればいいのです。練習を重ねれば、このスキルは確実に向上します。

では、どうすれば正しい判断ができるでしょうか? ここで、あなたが本書で学んだばかりのスキルを使ってください。そうです、「**言い換えて、書き留める**」のです(飛ばすと決めた場合は、書き留める必要はありません)。各段落のトピックセンテンスを、自分の言葉で言い換えてください。

その際、著者の意図を伝えるために必要とされる、可能な限りシンプルな言葉で行ってください。トピックセンテンスは、

その段落の主な考えを表現しているはずですし、その段落が何について述べているのかを明確に示しているはずです。

　トピックセンテンスの意味が把握できたら、その段落が読む価値のあるものかどうかの判断ができます。

　ほとんどの学術的なテキストには一定の形式があります。一つの段落で示された考えは、通常の場合、あとに続く段落によって支えられています。したがって、一つの考えを含んでいる段落が見つかったら、その考えを支えるあとの段落を読み飛ばすことができます。また、後続の段落が前の考えを支えているかどうかは、その段落のトピックセンテンスを言い換えれば簡単に判断することができます。

やってみよう

　以下に示す記事を、アクティブ・リーディングの方法で読み進めてみましょう。著作権の関係で全文の掲載ができないため、特定の段落のみを引用して説明していきます。

　この方法で学生に読み方を教える時、私は歴史家マーク・トラクテンバーグの著作『歴史と戦略』[2]の第2章をよく使います。彼の文章は、本当によく構成されており、明確なのですが、複雑な考えも含まれています。

（1）　文章の最初に挿入される空白のこと、「字下げ」とも呼ばれます。巻末の「重要用語集」を参照。
（2）　(Marc Trachtenberg) 1946年生まれのアメリカの歴史学者。専門は、冷戦史、米欧関係史、戦略研究です。"History and Strategy "Princeton University Press, 1991.

ここからは、第一次世界大戦に関するトラクテンバーグの（または「彼の」）記事のスキミングを通して、その実践のあり方について見ていきましょう。本書を書いている時点[3]では、世界中の歴史家たちが第一次世界大戦に強い関心を寄せていました。ちょうど戦争がはじまってから1世紀が経過したからです。

もし、あなたが第一次世界大戦について全く知らないのであれば、むしろ好都合です。何も知っている必要はありません。この方法は、いかなるテーマでも、素早く知識を身につけるのに役立つように設計されています。それでは、五つのステップを一つずつ適用していきましょう。

ステップ 1 章のタイトルとサブタイトルを分析する

ブック・ゾンビを打ち負かすためにまず行うことは、立ち止まって考えることです。「**探して批評する**」ミッションに取り組んでいることを思い出してください。私たちは、著者の主張、すなわち主要な議論を探しているのです。

では、「**第2章　第一次世界大戦の到来：再評価**」というタイトルは何を意味しているのでしょうか？　明らかに、第一次世界大戦に関係しているはずです。「〜の到来」というフレーズが使われているため、この戦争の起源にかかわる内容だと考えられます。そして、「再評価」という言葉が含まれているため、著者が何かについて再評価しようとしていることが分かります。おそらく、第一次世界大戦の起源に関する何かでしょう。

では、具体的に何を再評価しようとしているのでしょうか？

おそらく、戦争がどのようにしてはじまったのか、その理由を再評価するのではないかと考えられます。それを確かめてみましょう。章のタイトルやサブタイトルについて考える目的は、主張を見つける準備が整い、主張に出合った時にそれを見逃さないようにするためです。

ステップ2 目次を詳しく確認する

　目次は、示されている各章のタイトルが、その章内で展開される議論や提示される証拠を探るための手がかりとなります。そして、各章のサブヘディングも同じ役割を果たします。

　この章の最初のサブヘディングは「フィッシャーの主張」です。フィッシャーの主張を聞いたことがありますか？　「いいえ」であれば素晴らしいことです。知っている必要はありません。**実際、知らないほうがいいのです。なぜなら、知らないおかげで、それが何を意味しているのかと考えるからです。**

　フィッシャーという名前の人物が何か主張をする、つまり議論を展開したのではないかと推測できます。そして、その議論は第一次世界大戦の到来に関するものだと考えられます。著者は、その議論について何を言おうとしているのでしょうか？　賛成するのでしょうか？　それとも、反対するのでしょうか？

　たぶん、あなたは「反対する」と予想したことでしょう。もちろん、著者が何をするのかはまだ分かりませんが、サブタイトルに「再評価」と書かれていることから、著者がフィッシャ

（3）　本書（原書）が出版されたのは2016年です。

ーの主張に対して批判的であると推測することは合理的な判断だと言えます。

そして、もちろん、研究者が批判的であることは一般的に予想されることでもあります。それが彼らの習性だからです。しかし、公平を期すために言えば、著者はフィッシャーの主張についてどのように考えているのかについては、まだはっきりとしていません。私たちは、単にサブヘディングをスキミングしているだけで、著者自身の主張を見つけた時にそれを見逃さないように準備している段階なのです。

次のサブヘディングは「軍事計画の硬直性」です。これは何を意味しているのでしょうか？　これまでのところ、第一次世界大戦勃発に関する説明を著者が再評価、つまり批判しているのではないか、と私たちは考えています。そして、フィッシャーの主張が、戦争がはじまった理由に関する説明や議論の一つである、と推測しました。おそらく、軍事計画の硬直性という考え方も、戦争が起こった理由の一つとして挙げられるでしょう。そして、著者は、この考えにも挑戦しようとしているはずです。

次のサブヘディングは「攻略崇拝」です。本のなかでは、この言葉が引用符で囲まれています。このフレーズが何を意味するのか、全く分からないとしましょう。しかし、戦争について話していることは知っているわけですから、その時代に攻撃的な行動に関する何らかの考え方があり、それがある種の崇拝的な地位を得ていたのではないかと推測することができます。多くの人々がこの考えに固執していたことが、戦争がはじまった

もう一つの理由である、と説明されているかもしれません。

しかし、**現時点ではまだ分かりません。**サブヘディングを読み進めることで、ステップ3への準備が整っていきます。

ステップ 3 最後の段落を最初に読む

一般的に著者は、「結論」というサブヘディングを使用してくれるほど親切なものです。このような目印を見つけたら、思わず喜んでしまい、ちょっと踊りたくなるかもしれません。最初に私は、この「結論」が何ページにわたり、いくつの段落で構成されているのかを確認しています。その理由は、重要な内容に出会う可能性を把握したいからです。

例えば、段落が三つしかない場合は、主張を見逃さないように一言一句に注意を払う必要があります。一方、結論が8ページにわたるような場合は、より戦略的に探す必要が生じます。

今回の例では、著者のトラクテンバーグは寛大な人で、「結論」というサブヘディングを簡単に見つけることができました。もし、そのようなサブヘディングがない場合は、章の終わりに近い段落と段落の間に空白のスペースがないだろうかと探します。それが見つからない場合は、段落の冒頭にある「**結論として**」、「**要約すると**」、「**まとめると**」、「**最後に**」などのフレーズを探します。

トラクテンバーグの文章をスキミングすると、結論が約4ページにわたっており、12の段落で構成されていることが分かりました。「結論」は、必ずすべてを読みますが、まずは最後の段落からはじめましょう。

その前に、私たちがこれまでに何を確認してきたのかについて振り返りましょう。著者は第一次世界大戦の起源に関して、何かを再評価しています。どうやら、数ある戦争論に対して、従来とは異なる評価軸で取り組んでいるようです。そして、それらのいくつか、またはすべてに対して批判的な立場をとっているのではないかということを、一文も読まずに推測してきました。ここまでのことをふまえて、「結論」を詳しく解読してみましょう。

ここで、最も重要な戦術を使って「結論」を解剖します。それは、「**言い換えて、書き留める**」ことです。これから、それぞれの文章が何を述べているのかを、自分の言葉で書き換えていきます。この作業を行う際には、著者の意図を伝えるために最も合理的で明確な表現を使ってください。

各文章のあとに私自身の言い換えを示しますが、それをご覧になる前に、まずは自分でやってみてください。そうすることで、私のバージョンと比較することができます。

それから、私のバージョンが優れているとは限らない、と考えてください。要点を押さえているのなら、あなたの書き換えたものが私のものと大きく違っていても問題ではありません。重要なのは、使う言葉ではなく、その意味なのです。

では、最後の段落に書かれている最初の文からです。

「この過程を通してこの解釈が受け入れられたのは、人々が信じたいと思ったからである」

なんという不運でしょう！　明確でシンプルな主張が得られると期待していましたが、そうなりませんでした。この一文に

は唐突感があります。「この過程を通して」が何を意味しているのか分かりませんが、今のところ、その知識がなくても大丈夫です。現時点では、各文の本質的な意味を把握することが目的なので、初期段階において書き換えが不完全であっても構いません。

　私が書き換えた文を紹介しましょう。これを読む前に、あなた自身もやってみてください。

私の書き換え ——ある解釈が受け入れられたのは、人々がそれを信じたいと思ったからです。

　そして、最後の段落にある文は以下のようになっています。
「しかし、戦争と平和に関する基本的な考え方が、最終的には単なる過去の神話に基づいているだけであってはならないことが重要である」

私の書き換え ——戦争と平和に関する私たちの基本的な考えが、最終的には、過去の単なる神話に基づくことがないようにすることが重要です。

　三つ目の文章は以下のようになっています。
「一般的な通念は、単に信じるだけで受け入れる必要はない。過去に関する主張は、常に歴史的に検証可能な命題に置き換えることができる」

私の書き換え――通説をただ信じる必要はありません。過去に関する主張は、常に歴史的に検証可能な命題に言い換えることができます。

そして、四つ目の文章です。
「この場合、特に7月危機に関しては実証的な証拠が豊富であり、アクセス可能であるため、これらの命題を実際に検証してみると、ほとんどの議論がいかに脆弱なものであるかに驚いてしまう」

私の書き換え――議論のほとんどが弱い。

以下の点に注意してください。複雑な文、つまり多くの要素を含む文は、より理解しやすくするために核心部分まで削ぎ落とす必要があります。括弧で挟まれた言葉を取り除いて、**主語**(Subject)、**動詞**（Verb）、**目的語**（Object）となっている主要な文章を見つけるようにしましょう。四つ目の文章の場合、S－V－Oは「議論は弱い」という構造になります。

さて、最後の文章は次のようになっていました。
「1914年の諸々の事象が『制御不能』になったという結論を支持するこれらの主張で最も注目すべき点は、それらが実際には、事実に基づいていないということである」

私の書き換え――1914年に諸々の事象が「制御不能」になったという主張には根拠がありません。

では、これまでに書き換えた文章をつなぎあわせてみましょう。そうすることで、段落の意味がより簡潔で明確になるかもしれません。

> ある解釈が受け入れられたのは、人々がそれを信じたいと思ったからです。戦争と平和に関する私たちの基本的な考えが、最終的には、過去の単なる神話に基づくことがないようにすることが重要です。通説をただ信じる必要はありません。過去に関する主張は、常に歴史的に検証可能な命題に言い換えることができます。議論のほとんどが弱い。1914年に諸々の事象が「制御不能」になったという主張には根拠がありません。

著者の「主張」を探していることを忘れないでください。最後の段落から、彼が戦争に関する解釈が弱いと論じていることが分かります。しかし、それだけが著者の言いたいことなのでしょうか？ 著者は、単に既存の解釈を批判しているのでしょうか？ それとも、著者自身の解釈を提示しているのでしょうか？ 読み進めるなかで分かるかもしれませんが、これはすべてのテキストに対して問うべきものとなります。

著者が本当に成し遂げようとしていることは何でしょうか？これを最も効率的に理解するためには、著者の文章を自分の言葉で要約するだけでなく、**読んでいる内容に対して疑問を投げかける必要があります**。これが、研究者が「**テキストと対話する**」と言う時に意味されていることです。言うまでもなく、議

論のあらゆる側面に疑問をもつことを意味します。

特に、上記に示した書き換えた文章の一つに注目してほしいと思います。それは、「**戦争と平和に関する私たちの基本的な考え方が、最終的に過去の単なる神話に基づくことがないようにすることが重要です**」という文章です。

この文章は、ほかのものと少し異なっています。主題である第一次世界大戦の勃発を超えた、より大きな問題に言及しているからです。

また、この文は、特定の戦争ではなく、戦争と平和に対する私たちの考え方という、より広範な問題に関するものとなっています。より大きな問題に関連する文章に出合った時は、特に注意を払ってください。通常の場合、そのような時に著者は、全体的な目標に関するヒントを与えているものです。

「結論」の最初の段落に戻りましょう。各文章を自分の言葉で書き換える作業を同じように行います。その目的は、著者の主張についてさらに詳しい情報を引きだすことです。今のところ私たちは、著者の主張は「戦争の起源に関する解釈は弱く、場合によっては誤っている」というものだと仮定しています。

最初の文——ここでの目的は、第一次世界大戦の勃発に関する新たな解釈を提示することではなかった。

私の書き換え ——本論文の目的は、第一次世界大戦の起源について新しい解釈を提供することではありませんでした（これによって、著者が戦争の起源について自身の解釈を提示しているかどうかという質問に対する答えが見つかりました）。

次の文——これはむしろ、知的整理のための演習として意図されていた。
私の書き換え——目的は、私たちの考えを整理することでした。

次の文——戦争の起源に関する多くの主張は、ほぼ無批判に受け入れられてきており、ここでの目的は、より重要なものを証拠に照らして検証することであった。
私の書き換え——戦争の起源に関する多くの主張は、ほとんど批判されることなく受け入れられてきました。この記事の目的は、それらの主張を、証拠に基づいて検証することでした。

次の文——問題となっていたのは、特定の出来事に関する私たちの歴史的理解だけではなかった。
私の書き換え——問題となっているのは、単に第一次世界大戦の理解に限ったことではありません。

最後の文——実際、私たちの今日の戦略や外交政策に関する考えの多くが、7月危機に関する特定の解釈に大きく依存しているため、このような取り組みには価値があった。
私の書き換え——今日の私たちの戦略や外交政策に関する考え方の多くが、1914年7月の危機に関する特定の解釈に大きく依存しているため、このような取り組みには価値がありました。

　私が書き換えた文をまとめると、以下のようになります。

> 本論文の目的は、第一次世界大戦の起源について新しい解釈を提供することではありませんでした。目的は、私たちの考えを整理することでした。戦争の起源に関する多くの主張は、ほとんど批判されることなく受け入れられてきました。この記事の目的は、それらの主張を、証拠に基づいて検証することでした。問題となっているのは、単に第一次世界大戦の理解に限ったことではありません。今日の私たちの戦略や外交政策に関する考え方の多くが、1914年7月の危機に関する特定の解釈に大きく依存しているため、このような取り組みには価値がありました。

これらの文から何が得られますか？ 「結論」の最後の段落から私たちは、戦争の起源に関する解釈が弱い、というのが主張であると考えました。一方、「結論」の最初の段落からは、著者が標準的な解釈を検証しており、その理由まで教えてくれています。著者は、戦争と平和に関する私たちの考え方が、なぜ第一次世界大戦がはじまったのかという理解に影響を受けている、と言っているのです。

常に、著者が自らの研究をより大きな問題に結びつけるわけではありませんが、本来はそうすべきであり、あなたもそうするべきです。

次に行うことは、「結論」全体を読んで、主要な考えを「**言い換えて、書き留める**」ことです。すべての文章に対して行う必要はありません。「結論」部分では、段落ごとのトピックセンテンスを言い換えるだけで十分でしょう。それが終わったら、

「序文」に戻る時間となります。

　最初の段落を見て、著者の主張と目的を補強するか、修正するかを確認しましょう。

ステップ 4 序文を読む

　私はいつも、各段落に入る前にざっと目を通し、その全体像をつかむようにしています。今回の「序文」は約2ページ、五つの段落で構成されています。最初の文章は次のようになっています。

「大戦争は、必ずしも意図的な決断の結果として起こるわけではない。むしろ、国家指導者が事態の『制御ができなくなる』ことで戦争が発生する可能性が高くなるという考え方が、現代のアメリカ戦略思想における最も基本的なものであり、一般的な概念の一つとなっている」

私の書き換え ── 人々は、国家指導者が状況を制御できなくなることで戦争がはじまると考えています。

　次の文章は以下のとおりです。
「危機的な状況が発生すると軍事的な力が解放され、政治的プロセスを圧倒し、結果として、誰も望んでいなかった戦争が引き起こされる可能性がある、と広く信じられている」

私の書き換え ── 人々は、危機的な状況が発生すれば、望まない戦争が引き起こされると考えています。

そして、最初の段落にある最後の文章です。
「核戦争のリスク、そして核兵器の政治的意味についての多くの重要な結論も、この基本的な考えに基づいている」

あれっ？　ちょっと待ってください。この文章は、驚くべき内容となっています。私たちは第一次世界大戦についての記述を読んでいたはずですが、急に核兵器の話が出てきました。歴史に詳しくない人でも、核兵器がこの時期に存在していなかったことは知っているはずです。なぜ著者は、急に、しかも三つ目の文章で核兵器について言及したのでしょうか？

明らかに不自然な位置にある何かを見つけた時は、著者のより大きな意図に対する「**手がかり**」になる可能性があります。それが何であるのかはこの段階では分かりませんが、まちがいなく注意を払うべき文章となります。そこで、この文章を書き換えてみましょう。

私の書き換え　——人々は、核戦争のリスクについても同じように考えています。つまり、偶然に起こる可能性があると。

次は第2段落に進んで、同じプロセスを繰り返していきます。
「『偶発的戦争』の理論は、1914年の7月危機における第一次世界大戦の勃発という特定の歴史的事例に対する解釈に非常に大きく根ざしている」

私の書き換え　——戦争が偶然に起こるという「偶発的戦争理論」は、第一次世界大戦の解釈に大きく依存しています。

そして、第2段落の二つ目の文章です。
「当時のヨーロッパには、連動した動員や迅速な攻撃行動を重視する戦争計画が存在しており、それが、避けられたかもしれない紛争を直接引き起こしたと広く考えられている」

私の書き換え ——当時のヨーロッパでは、攻撃的な戦争計画が、避けられたかもしれない戦争を引き起こしたと考えられています。

　このように「序文」を順に読んでいき、各段落を書き換えていくことで、著者の主張や議論の方向性がより深く理解できるようになります。そして、文章のなかにある重要なポイントを見逃すことなく、注意深く文脈をつかみながら進めることが大切となります。
　次に続くのは一連の引用文です。いくつかの文章では、著名な人物の名前と彼らの戦争に関する意見が紹介されています。このような構成は、学術的なテキストの「序文」においてよく見られます。**著者自身の主張が単なる思いつきではなく、ほかの研究者たちが議論している内容に基づいていることを示そうとしているからです。**
　そして、おそらくですが、著者は、これらの主張がいかに誤っているのかを示そうとしているはずです。
　しかし今、私たちが最も集中すべきことは、著者自身の「主張」や「意図」を理解することです。したがって、これらの引用は飛ばして先に進むことにします。

次に、段落のトピックセンテンス（段落の最初の文）を読み、それを書き換えてから、その段落を読むか飛ばすかを決めます。**読むべきか、飛ばすべきか、それが問題です**。次の段落、つまり第3段落は次のようにはじまっていました。
「議論によれば、この基本的な問題はほかの一連の要因によってさらに悪化した」

私の書き換え──ほかの要因によって問題が悪化しました。

ここで言う「基本的な問題」が具体的に何を指しているのか、現時点では分かりません。しかし、これこそが、私たちを積極的に読む姿勢に引きこんでくれる要素となります。

私たちは、注意を払って、論理の流れを追いながら、実際に何が言われているのかを自分自身で解釈していかなければなりません。こうした時には、**重要な決断を下す必要があります**。つまり、前の段落をもう一度しっかりと読んで、背景を確認するべきか、それとも、細かい部分は完全に理解できていなくても、そのまま読み進めるべきかを判断するのです。

このような状況に直面すると、多くの学生は少し焦ることでしょう。たぶん、「重要なことを飛ばしてしまったらどうしようか？」という不安が頭をよぎるはずです。

どうすべきでしょうか？　実際、最初のうちは大事な部分を飛ばしてしまうことがあるでしょう。特に、この方法を学びはじめたばかりの段階では。しかし、**少しずつ練習を重ねていけば、読むべき箇所と飛ばしても問題がないという箇所の判断が**

徐々にできるようになっていきます。

　重要なことは、この方法を数週間は試してみることです。論文や本に書かれている文章、また本を丸ごと1冊初めて読む際、すべての文字に目を通したくなるという誘惑に駆られるでしょうが、決して負けないでください。

　もちろん、時間が十分にあればすべてを読むべきですが、ほとんどの場合、私たちにはそのような時間はありません。あなたが履修している授業科目のいくつか、あるいはその多くでは、毎週のように本の全体や一部を読むという課題があなたに課されているはずです。課題となった本にある文字のすべてを読もうとすると、睡眠不足になり、学業におけるパフォーマンスが低下し、最終的には心身ともに疲弊してしまいます。

　私が推奨しているアクティブ・リーディングの方法を試す価値は十分にあります。最初のうちは重要なポイントを見逃してしまうこともあるでしょうが、やがて時間の節約ができるようになるはずです。

　というわけで、この「ほかの要因によって悪化した」という段落を今回は飛ばすことにしましょう。もし時間があれば、あとで詳しく読み直してください。

　次の段落のトピックセンテンスは次のようになっています。
「『偶発的戦争』という用語は、様々な意味をもつことがある」

　ここで考えます。**読むか、飛ばすか？　あなたはどのように判断しますか？**　これは重要な部分かもしれません。なぜなら、冒頭から著者は偶発的な戦争、つまり戦争が偶然に起こる可能性について議論しているからです。

この段落では、その中心的な概念の定義が行われることでしょう。おそらく、ここは注意を払うべき段落となります。実際、ほとんどの学者は、自分の議論の基盤となる用語を定義し、正確な意味を伝えようと配慮しています。これも、学術テキストでよく見られるパターンです。著者には、自らが意図していることを読者が誤解しないように、用語の定義を明確にする責任があるからです。

　このような段落に出合った時は慎重に読む必要があります。しかし、今回はスキミングの方法を説明することを目的としていますので、この段落は飛ばすことにします。

　次の段落に目を向けると、重要なトピックセンテンスが見つかりました。

「この論文の主な目的は、第一次世界大戦がこの意味で偶発的な戦争であったという考えを検討することである」

　ハレルヤ！　みなさん、大当たりです。これは、私たちが夢に描いていたような文章、いわば文章のロゼッタストーンです（このような誇張は控えたほうがいいのでしょうが、言いたいことは伝わったでしょう）。

　もし、重要と思う場所にカラーマーカーで印をつけるという習慣があるなら、今がその時です。ただし、カラーマーカーは、本当に価値のある文章にだけ使うべきだ、ということを覚えておいてください。今、ここで使うことにしたようにです。何も考えずに無作為に印をつけてしまう学生がいますが、そのような衝動には抗ってください。

　カラーマーカーで印をつける箇所は、著者の主な主張や、そ

れを支える重要な証拠が書かれているところ「だけ」にするべきです。あまりにも多くの文章に印をつけてしまうと、あとで見直す際に無駄な時間を必要としてしまいます。

さて、この文章「この論文の主な目的は……」は非常に明確ですから、書き換える必要はほとんどありませんが、試しにやってみましょう。私がどのように書き換えたのかを読む前に、自分の言葉で表現してみてください。

私の書き換え ── 第一次世界大戦は偶発的な出来事であったのか？

これこそが、この論文全体を導く主要な問いのようです。
学術的なテキストを読む際に最も重要なことは、「問い」、「答え」（これを、主張または「テーゼ」と呼びます）、そしてその主張を支える「証拠」の特定となります。

著者は、この明快な文章を疑問形で提示しているわけではありませんが、その意味するところを考えると、疑問形にしてもよさそうです。

つまり著者は、「第一次世界大戦が偶発的に起こったという考えは正しいかどうか」を検討しようとしているわけです。そして私たちは、結論を先に読んでいるので、この問いに対する著者の答えが「いいえ」であることを知っています。実際、著者の結論部分では、「この解釈が過去の神話に基づいており、信仰のように受け入れられているが、実際には非常に少ない証拠に基づいたものである」と述べられていました。

これで、著者の「問い」や「主張」が何であるかが明確になりました。

著者の問い——第一次世界大戦は偶発的な出来事であったのか？
著者の主張——第一次世界大戦は偶発的な出来事ではなかった。

著者の「証拠」が何であるかも少しずつ見えてきました。それは、第一次世界大戦に関して広く受け入れられている様々な議論、例えば「フィッシャーの主張」や硬直した軍事計画、そして「攻略崇拝」という考え方を分析することに関係しているようです。しかし、「これらすべてが正しい」と結論を急ぐ前に、もう少し文章を読み進める必要があります。実際に読んでみると、私たちには見つけにくいが、とても重要な見解があるかもしれません。

このような細かな違いを速やかに発見するためには、各段落のトピックセンテンスを読んで、それが著者の主張を説明しているのかどうかを判断し、もしそうでなければ、その段落を飛ばして次に進むという手順を踏みます。

この段階では、問いと主張に確信はもてませんが、何の目的もなく一文ずつ読んでいくよりははるかに効率的ですし、焦点を当てながら読み進むことができます。この方法は、時間を節約しつつ、理解を深めるために役立ちます。

また、著者のより大きな目的として、アメリカの核戦争リスクに関する戦略的思考を評価し、それが第一次世界大戦の理解

にどのように関連しているのかについて探ることも含まれているようです。

解説に少し時間をかけてしまいましたが、もしあなたがこの方法を参照することなく使えるようになれば、この作業にあまり時間はかからないでしょう。ひょっとしたら、実際に読んだ量も驚くほど少なかったかもしれません。

最終的には、著者の「問い」、「主張」、そしてより大きな「目的」を15分以内に把握できるようになってほしいと思っています。**たとえ読書に15分しか使えなかったとしても、翌日の教室や授業での意見交換や話し合いにおいて、十分ついていけるはずです。**仮に、もう少し時間があれば、その主張を支える主要な証拠を抜きだし、その論理を評価して、批評をはじめることができます。批評のスキルについては、第2章でさらに詳しく学んでいきます。

複雑な文章を簡潔にする

時には、文章があまりにも複雑で、圧倒されることがあります。多くの句[4]や節[5]が含まれていると、理解するために脳

---

(4) フレーズ。主語と動詞を含まない単語の集まりで、一つの品詞のように機能する。しかし、独立した完全な文にはならない。一例として、名詞句「赤い車」（名詞の役割を果たす）や前置詞句「庭で」（形容詞や副詞の役割を果たす）などがある。

(5) クローズ。主語と動詞の両方を含む単語の集まりで、独立節と従属節に分かれる。独立節は完全な文として成立するが、従属節はほかの節に依存しており、単独では文として成立しない。一例として、「彼女は速く走った」（独立節）や「彼女は疲れていたけれど」（従属節）がある。

が過剰に働き、全体像がつかみにくくなります。

そのような複雑な文章に対処するための方法は、短くして、簡潔なものにすることとなります。余計な部分を削ぎ落とし、簡潔な文章につくり直すのです。具体的には、補足的な部分を除外して、**主語（S）**、**動詞（V）**、**目的語（O）**をはっきりとさせるのです。

例えば、以下は「フィッシャーの主張」という一節にある冒頭の段落に書かれている最初の文章です。
「1960年代の初頭、ドイツの歴史家フリッツ・フィッシャーは、1914年6月28日にオーストリア大公フランツ・フェルディナントが暗殺されたことに乗じて、ドイツ政府がヨーロッパ戦争につながるように設計された政策を採用したと主張して、論争の嵐を巻き起こした」

これを簡潔な文章に書き換えると次のようになります。

私の書き換え ──フィッシャーは、大公の暗殺後、ドイツが戦争を意図していたと主張しました。

簡潔化の過程では、まず主語である「フリッツ・フィッシャー」を特定し、次に彼が何をしたのかを考えます。彼は「主張」したわけです。確かに「論争を引き起こした」という点も重要ですが、その原因は、彼が何を「主張」したかにあります。では、フィッシャーは何を主張したのでしょうか？　それは、「ドイツがとある政策を採用した」ということです。

ただし、政策を採用すること自体はそれほど議論を引き起こ

すものではないため、ここでの本質はそこにありません。文章を読み解きながら、自分自身に問いかけるのです。この論文が偶発的な戦争についてのものであることをふまえると、重要となるのは「ヨーロッパ戦争につながるように設計された」というフレーズだと気づくはずです。

　簡潔な文章にする時に私は、「ヨーロッパ」という語句など、余計な修飾語を取り除き、よりシンプルな言い回しにしました。その結果、「**フィッシャーは、大公の暗殺後、ドイツが戦争を意図していたと主張しました**」という文章にたどり着きました。ちなみに、大公の暗殺に関する情報は、必ずしも必要ではありませんが、タイミングを示すために残しておきました。
「フィッシャーの主張」の冒頭段落に書かれている文章は以下のようになっています。
「この主張は、フィッシャーの著書『Griff nach der Weltmacht (Grab for World Power)』[6]の第1章で、やや間接的に、初めて提示された」

　ここでは、文全体を読むつもりはありません。私の「検索フェーズ」では、残りの段落においてフィッシャーの論争的な主張がどのように提示され、おそらくそれがどのように受け入れられたのかについて論じている、と推測できます。

　次は、あとに続く各段落のトピックセンテンスを読んで、それを要約して書き換え、掘り下げる価値があるかどうかを判断

（6）『世界強国への道：ドイツの挑戦、1914-1918年』（全2巻）村瀬興雄監訳、岩波書店、「Ⅰ」1972年、「Ⅱ」1983年、オンデマンド版2014年。

することになります。いかなる章や段落でも、最初と最後の段落が最も重要であることをすでに知っていますので、ここでは、最後の段落を見てみましょう。

「しかし、ここで戦争の起源の問題を解決する必要はない。様々な解釈が可能であることを指摘するだけで十分である。したがって、1914年におけるドイツの意図に対して、特に悪と見なす必要はない」

この文章を要約すると、次のようになります。

私の要約 ——今は、戦争の起源を気にする必要はないでしょう。ドイツが戦争を意図していなかったとしても、戦争が偶発的だったという考えを疑うことはできます。

次の段落に書かれている「軍事計画の硬直性」に関する、最初の文章に目を向けてみましょう。

「ドイツ政府が、1914年に意識的かつ体系的にヨーロッパ戦争を引き起こしたという主張は非常に弱いものである」

時には、言い換えを必要としないほど明確な文章もあります。この文章は非常に明快です。この段階で、少なくとも「フィッシャーの主張」、あるいはそれに類する過激な意見に対する著者の立場が明らかになりました。著者は、この主張には欠陥があると考えているのです。また、この文章が何をテーマにしているのか、その目的、そしてその構成についてもかなりの理解が得られました。

まとめ

これまでに説明した読書法は、人文科学や社会科学のほぼすべてのテキストに、そして、おそらく自然科学のテキストにも適用することができます。どのようなテキストであれ、主張が含まれている限り、「アクティブ・リーディング」は非常に効果的となります。重要なポイントを並べると、以下のようになります。

- 内容だけでなく、主張を読むことを重視する。
- 各主張を探し、批評する。
- 著者の問い、主張、主要な証拠を特定し、評価するために五つのステップのプロセスを使用する。
- 可能であれば、著者の、より大きな目的を特定する。
- タイトル、サブタイトル、章のタイトル、サブヘディングを手がかりとして主張を特定する。
- 重要な意味をもつ文章を自分の言葉で言い換えて、書き留める。
- トピックセンテンスを書き換え、すでに理解した考えを繰り返したり、詳述している段落を飛ばす。
- 複雑な文章は、主語、動詞、目的語を特定して簡潔にする。

受動的な読書をしてしまうと、**ブック・ゾンビ**があなたの脳を食べ、学問的な経験を台無しにしてしまいます。ですから、テキストに積極的に取り組んで、彼らを撃退しましょう。重要

な箇所を自分の言葉で書き換えることが、混乱に対抗する最も強力な武器となります。また、アクティブ・リーディングのスキルを磨けば、明確で説得力のある文章を書いたり、話したりする能力が向上します。

いかなる学術的なテキストであれ、「**五つのステップ**」のプロセスと「**言い換えて、書き留める**」戦術を組み合わせれば、著者の問い、主張、主要な証拠、そしてより大きな目的を見つけだすことができ、それを批評する準備が整います。

次章では、クリティカルに読む［本質を追究する］スキルに焦点をあてることにします。

| 訳者コラム |

生成 AI との協働──新たな学習パートナー

生成 AI（Generative Artificial Intelligence）は、文章要約やデータ分析などを効率的に処理するツールとして、学習や研究の場で注目されています。膨大な情報を整理し、仮説やアイデアを深める手助けをするなど、その利便性は計り知れません。とはいえ、生成 AI は万能ではなく、誤った情報を提示する場合もあります。そのため、AI が提供する情報を鵜呑みにせず、自分で情報の正確性や適切性などを確認し、その利活用を判断する術（本質を見極める思考力と判断力）をもつことが重要となります。

あくまでも、AI は補助ツールと位置づけ、最終判断は人間が行う必要があります。生成 AI を活用すれば学習や研究の効率が大幅に向上しますが、自身の思考力を磨きながらバランスよく活用することが成功の鍵となります。

第2章を読む前の学生との対話

タカシ 第1章を読み終えたんですが、内容が多くて少し混乱しました。要点を整理してもらえますか？

ケンイチ 大事なのは「アクティブ・リーディング」の五つのステップです。覚えていますか？

タカシ はい。タイトルや目次で本の概要をつかみ、結論を先に読んで著者の主張を見つけることなどですね。

ケンイチ その通りです。結論を先に読めば、全体像をつかみ、重要な部分に集中できるようになります。

タカシ しかし、最初に結論を読むというのには少し違和感がありました。

ケンイチ そうでしたか。でも、時間を無駄にせず、効率よく理解できるようになると思います。

タカシ 確かに、これからの読書に活かせそうです！

ケンイチ 実践を重ねれば、もっと読みやすくなります。

タカシ 第2章では批評について学ぶんですよね？　難しそうで少し不安です。

ケンイチ 批評は「クリティカル・シンキング（本質を見極めるための思考力）」を鍛える大切なスキルです。

タカシ どうやって身につければいいんでしょうか？

ケンイチ まず、著者の主張とその前提を確認します。論理の一貫性や証拠の確かさを見極めることで、テキストの強みと弱みが分かるようになります。

タカシ 単なる批判とは違うわけですね？

ケンイチ そうです。批評は公平に分析し、より深く理解するための手段なのです。

タカシ 「やってみよう」という気持ちになってきました！

ケンイチ その調子です！

第 2 章
読む方法（パート2）
——テキストを批評する

　以下に挙げたのは、学生がよくする体験です。

　あるテーマに関する本を一冊読むと、その著者の主張が非常に説得力のあるもののように感じてしまいます。読み進めるうちに、「これまで謎だったことがやっと理解できた」と納得し、安心感を覚えたことがあるでしょう。

　残念ながら、その満足感は長続きしません。次に、同じテーマに関する別の本を手に取ると、今度は全く異なる、時には矛盾した説明に出合うことがあります。その新しい著者の主張も、前の著者と同じくらい説得力があるように感じてしまうのです。さらに別の本を読むと、ますます混乱が深まることになります。

　いったい、どの著者が正しいのでしょうか？　そして、誰が正しいのか判断できないまま、翌日の授業においてこれらの内容についてどのように議論をすればいいのでしょうか？

　ここからは、あなたの読解力をさらに高めるための方法について説明していきます。

　学術的なテキストを解剖する能力を徐々に磨いていくと同時に、それを批評する方法も学ぶ必要があります。しかし、多く

の学生は、この取り組みに戸惑いや苦手意識を感じる場合が多いものです。それは、期待されていることが分からない状態に起因しています。

　仮に、期待されていることを理解していたとしても、どのようにしてそれを達成すればよいのかが分からないと、余計に苦痛を感じることになるでしょう。

　あまり聞きたくない話かもしれませんが、ここからは率直に話します。

　ところで、私の友人たちは、私のことを「リアリスト」と呼んでいます。私は、歯にブロッコリーが挟まっていることをすぐに教えてもらいたいというタイプです。そうでないと、夜になって鏡を見た時に気づくことになり、一日中、その状態で過ごしてしまったことを後悔するからです。

　もちろん、みんなが私と同じような考え方をしているわけではないでしょうが、短時間の不快感をともなったとしても、「ブロッコリー除去」を行ったほうが、一日中その事実に気づかずに過ごすよりもずっといいと私は思っています。

　こうした視点にもとづいて、批評に関する厳しい現実をあなたにお伝えしたいと思います。

　教授が知性を評価する方法の一つとして、**あなたがどのように批評を行ったのか**、というものがあります。これが唯一の評価基準ではありませんが、非常に重要な指標となります。批評を通して、あなたの思考プロセスがどのように働いているのかが見えてくるからです。

　優れた批評は、論理的で分析的な思考力を示すだけでなく、

あなたの感情や性格の一面を反映します。つまり、書面や口頭で批評を行う際には、自分の思考を他者にさらけだすことになるということです。

その過程で「思考のミス」を犯さないために、知っておくべき重要なポイントが二つあります。それが、本章でお伝えする主な内容となります。

❶批評とは「何か」、そして「何ではないか」を理解すること。
❷強力な批評を構築するための基本的な方法を習得すること。

この二つをしっかりと理解・習得することが、あなたの批評力、あるいは本質を追究するための思考力を高める際のカギとなります。

批評とは「何か」

批評とは、著者の主張を分析し、その妥当性、価値や意義を厳密に検証する行為です。それは、著者の言っていることが正当であるかどうかを見極めるための厳しいテストであり、最終的には、主張が維持されるか、崩壊するか、あるいは一部が正しく、ほかの一部が崩れるかの、いずれかとなります。

あなたの役割は、作品の強みと弱みを見つけだすことです。著者が提供する論証や証拠がしっかりしているのかどうか、どこに矛盾や誤りがあるのかを判断することが批評の核心となります。

批評とは「何ではないか」

　批評は、単なる書評ではありません。学生のなかには、著者の言ったことをただ要約することが批評だと誤解している人がいます。授業で立ちあがり、「まず著者はこれを言い、次には○○○を言いました。さらに、別の○○○を述べました」という具合に、物語を語るように話す学生がいますが、これは大きなまちがいです。

　批評は単なる要約ではありません。著者の言葉をそのまま繰り返すだけでは不十分なのです。中学校や高校では「要約だけ」を求められたと思いますが、**大学や大学院ではテキストを「批評する」ことが必要となります。**その意味について詳しく説明していきましょう。

　批評は単なる不満の表明でもありません。仮に、ヴィクトリア朝後期の文学における神経衰弱に関するA教授の論文について、以下のようなコメントを授業でしたとしましょう。

・退屈だった。
・面白かった。
・文字のフォント（サイズと形式）が小さすぎた。
・ラテン語が使われていた。私はラテン語を全然知らない。
・「and so forth（などなど）」と言い続けており、イライラした。
・全く理解できなかった。
・たぶん、著者の言うことは正しいと思う。

これらの発言は個人的な感想にすぎません。批評とは、テキストに対する単なる不満や印象を述べることではなく、著者の議論や証拠の質を評価し、それが妥当であるかどうかを分析するという行為です。

　ちなみに私は、授業中に学生がこのような発言をする様子をこれまでに何度も見てきましたが、言うまでもなく、これらは批評ではありません。授業ではこうした発言を避けて、教授や同級生に、「批評の本質を理解していない」と思われないようにしましょう。友達と話す場ではこうした発言も許されますが、正式な場では、批評する姿勢をしっかりと示すことが重要となります。

安易な批評 ── それは、しないようにしましょう

　著者が行わなかったことに対してアンチの立場で批判するという行為は、非常に魅力的なものに映ります。簡単だからこそ、魅力的に感じてしまうのです。

　例えば、ある著者がケニアの政治的混乱について書いていたなら、「隣国のタンザニアやソマリア、さらにはその先の地域について言及していない」と批判する学生がいるかもしれません。また、ある著者が三本指のナマケモノの交尾習慣を分析していたなら、二本指のナマケモノについて議論しなかったことを批判するでしょう。言うまでもなく、これらこそ「**安易な批評**」だと言えます。

　本や論文には限界があり、すべての著者は、その探究に際し

て、どこかで限界を設けなければなりません。ですから、著者がその限界を超えて探究しなかったことを批判するというのは常に可能となります。

しかしながら、そうした批評が有効となるのは、著者がある事象を扱わなかったことが原因で私たちの理解が大きく歪められてしまう場合だけです。

例えば、あなたがトーマス・エジソン（Thomas Alva Edison, 1847〜1931）の伝記を批評しているとしましょう。その伝記の著者が、エジソンの継母について一切触れていなかったとします（エジソンに継母がいたかどうかは不明ですが、教育的な例として考えてください）。

もし仮に、エジソンの継母が、彼に蓄音機の発明を何度も促し、研究資金を提供した人物であったとしたら、それは著者だけでなく読者にとっても、重大かつマイナスの意味をもつ「省略」となります。

言い換えれば、もし著者が何かをしなかったことで批判するのであれば、その「何か」がテーマを理解するにあたって本質的な要素を含んでいる必要があるということです。

批評の戦術 —— 議論の構図を描く

実際のテキストに取り組み、批評を進める前に、まずはそのプロセス全体の概要を確認してください。以下は、批評をはじめる際に意識しておくべき、いくつかの基本的な概念と方法です。

批評を行ううえで最初に役立つのは、著者の議論における基本的な要素を明確にすることです。まず、「**問い**」と「**前提**」、そして「**結論（論旨）**」を書きだしましょう。それに加えて、結論を支える主要な証拠もリストアップします。

　これらを短く簡潔な文にまとめることが重要です。また、前提にしている様々なことが合理的に成立するのかどうかも慎重に確認しましょう。

　世の中には、本質を追究するための思考力や論理の誤謬、議論の分析について書かれた本が数多く存在していますので、ここでその詳細を再現するつもりはありません。ここでは、批評を進める際にあなたが正しい方向に進めるように、大まかな指針を示します。

　批評を行う際には、議論の論理性や経験的な根拠に焦点をあてることが有効となります。これには、以下に挙げる三つの主要な視点があります。

❶**論旨を問う**——前提から結論が論理的に導かれているかを問いましょう。例えば、「研究の結果に対してほかの原因が考えられないか？」とか「結論は誇張されていないか？」などです。誇張された結論がよく見られます。私のアドバイスとしては、自分の研究を「画期的」とか「革命的」などと称する人がおれば、慎重な目で見ること、となります。

❷**方法を問う**——調査方法がその研究に適しているかどうかを問うことも大切です。別の方法を使えば、もっともらしく見えるが、全く異なる解釈が導きだされる可能性がある、あるいは、設定された基準が高すぎるか低すぎるか、広すぎるか

狭すぎるかについても検討しましょう。方法論が適切でない場合、その結論は弱くなる可能性があります。

❸**資料を問う**——使用されている資料が、新しいものなのか古いものなのかにも注意を払いましょう。新しい資料であれば、それは私たちの理解を深めるものなのか、それともすでに知られていることを裏付けているだけなのかについても確認する必要があります。

一方、古い資料の場合は、それが新しい視点で再検討されているのか、私たちの視点を変えるような何かが提示されているのかについて確認する必要があります。もちろん、古い記録に新たな問いが投げかけられているのかどうかも重要な点となります。

学問は、人々や物事、時代の理解を先に進めるものでなければなりません。したがって、テキストがその目的を達成しているのかどうかを確認しましょう。

著者の論旨を厳密に検証し、その論理性を厳しく検証すれば強力な批評ができます。仮に、最終的に著者の主張が正しいと結論づけたとしても、それ自体に問題はありません。しかし、議論のなかに欠点や問題点を見つけることができれば、より興味深い批評になることだけはまちがいありません。

完璧な本や論文を書く著者はいません。すべてのテキストには、常に何らかの弱点が存在していますが、それらは巧妙に隠されています。それを前提として、挑戦的な心構えで批評に臨めば、まちがいなく質の高い分析ができます。

やってみよう

　前章で行ったように、実際の学術的なテキストに取り組み、それを批評してみましょう。まずは、第1章で紹介した「**読む方法**」を使ってはじめましょう。

　私たちの目標は、著者の論旨を迅速に把握することです。私たちが行う最初のステップとして、「**ブック・ゾンビ**」と闘うためにタイトルやサブタイトル、そのほかすべてのタイトルや見出しを洗いだして、それを手がかりとして著者の主張を考えます。

　では、ジョン・ミューラー（以下、ミューラー）の挑発的な作品『The Obsolescence of Major War（大規模な戦争の衰退）』[1]に取り組んでみましょう。

　もしあなたが、「大規模な戦争は時代遅れになった」というのが著者の論旨だと推測したなら、それはかなりよい推測だと言えます。なぜ、すべての著者がこれくらい簡単に論旨を示してくれないのか、と思うくらいです。もちろん、彼の議論はそれよりも少し複雑なものである可能性が高いわけですが、タイトルがその概要を示していることだけはまちがいありません。

　それでは、彼の議論について最初に確認すべきことは何でしょうか？

---

(1) John Mueller, "The Obsolescence of Major War" Bulletin of Peace Proposals, Vol. 21, No. 3 (September 1990), pp. 321-328, https://www.jstor.org/stable/44481533)

まず、「obsolescence（衰退／時代遅れ）」という言葉が何を意味するのかを理解する必要があります。そして、同じ意味で、「major war（大規模な戦争）」とは何を指しているのかについても理解する必要があります。

なぜ、いくつかの戦争が「大規模」とされ、ほかの戦争が「小規模」や「中規模」とされるのでしょうか？ 彼がこれらの用語をどのように定義しているのかが分かればいいのですが、その前に、彼の議論の本質に取り組めるかもしれません。

大規模な戦争は、本当に時代遅れになったのでしょうか？ 彼は、それをどのように証明しようとしているのでしょうか？ その過程で、どのような前提を立てているのでしょうか？

私たちは、この論文のタイトル以外はまだ一文も読んでいません。それにもかかわらず、私たちはすでに著者の論旨の大まかな考えと、それを批評するために何をすべきかが分かっています。批評とは、「**著者の議論、その強みと弱みを厳密に分析することである**」、と忘れないでください。

この文章をざっと読みながら、目標を念頭に置いておく必要があります。私たちは、著者の主要な主張である「大規模な戦争が時代遅れになった」という点での弱点を探しています。しかし、どこから探しはじめればよいのでしょうか？

本章で学んだ信頼できる「**読む方法**」を使って、この記事の最後の段落からはじめます。一文ずつ読み進めるのではなく、今回は、あなた自身で段落全体に取り組んでもらいます。心配しないでください。すぐに戻ってきます。この段落を注意深く読み、含まれている前提について考えてみてください。

いくつかの点で、戦争が決闘や奴隷制を超えて存続しているという事実は奇妙なことです。しかし、少なくとも先進国では、戦争がこれらと同じように時代遅れになりつつある兆候を示しています。決闘や奴隷制と同じく、戦争は人生にとって不可欠なものとは見なされていません——それは、人間の本質や大きな枠組みから必然的に求められる不快な存在ではありません。

　実際、生きていくうえにおいて戦争は必要ありません。戦争は社会的な災厄であると思われていますが、重要な点は、社会的な気取りにすぎず、やり過ごすことができるものだということです。

重要な段落に直面した時、例えば本や論文全体を締めくくるような段落に直面した時には、著者の論旨だけでなく、その前提も抽出するようにしましょう。まずは自分でやってみて、そのあとで私がどのようにやったのかを見てください。

　いつものことですが、私の分析が完璧だとは限りません。もし、あなたが私と異なる点を挙げたとしても、それはそれで構いません。しかし、もし私たちが同じ点に注目したとすれば、おそらく私たちが正しい方向に進んでいるというよい兆候となります。さらに、私たちが同じ「ある点」に注目したのであれば、その点が重要である可能性がかなり高くなります。

前提1——戦争は人間の本質に欠かせないものではなく、社会的な虚飾にすぎない。

前提2──戦争は、もはや流行ではないほかの社会的慣習と類似している。

結　論──大規模な戦争は、決闘や奴隷制、そして流行から外れたほかのいくつかの社会的慣習と同じく廃れつつある。

　もちろん、最後の段落だけを読んで終わりにするというのは避けたいところです。全体の文章を、直線的にではなく、行ったり来たりしながらあちらこちらを読むべきです。重要そうなトピックセンテンスを探しながら、テキストのなかを行き来するのです。

　重要そうなトピックセンテンスの一つが、最後から二つ前の段落に現れます。それは、決闘と奴隷制についての話からはじまります。一方で戦争を、他方で決闘と奴隷制を例に挙げて著者が比較しているようなので、この段落は注意深く読む価値があります。

　これは長い段落です。読み進めながら、それぞれの文章を自分の言葉で書き換えて、主要な考えをまとめるようにしてください。そして、この段落が、私たちが前提としたことや結論として要約したことに修正を迫るような内容をもっているのかどうかを確認します［邦訳では、改行を加えました］。

> 　決闘と奴隷制はもはや存在しておらず、人々の日常社会から消え去り、今では本で読むだけのものとなっています。それらが再び復活することが不可能ではないにしても、長い間放置されていますし、今のところその兆しは見られません。

また、発展途上の国々では、かつては人気があり、賞賛すらされていたいくつかの制度のなかに、排除されつつあるか、あるいはすでに完全に排除されているものがあります。ある時点でそれらが排除され、道徳的に劣っている、あるいは文明的ではないと見なされはじめたからです。

　例えば、熊いじめ⁽²⁾、素手での殴りあい、見世物小屋、カジュアルな拷問⁽³⁾、動物への無慈悲な残虐行為、異端者の火あぶり、ジム・クロウ法⁽⁴⁾、人的犠牲、家族間の争い、公的かつ意図的に痛みをともなう処刑法、矯正具による変形、嬰児殺し、精神異常者への嘲笑(ちょうしょう)、軽微な犯罪に対する処刑制度（鞭打ち）、公な場での喫煙⁽⁵⁾などです。

　もちろん、戦争は決闘や奴隷制と同じではありません。戦争と同じく決闘は争いを解決するための制度ですが、それは「名誉」に関するものであり、物質的な利益をともなうものではありませんでした。

　奴隷制はあらゆる人間社会にほぼ普遍的なものとしてあり、

---

(2)　熊を痛めつける、あるいは苦しめることを目的としたブラッド・スポーツで、動物に暴力を振るう、あるいは動物同士を戦わせて楽しむというスポーツのことです。
(3)　歴史的な文脈で使われる場合、「casual torture」は、ある社会や時代において特定の行為が拷問として認識されず、日常的な制裁や娯楽の一環として行われていたことを指しています。これには、今の常識で考えれば「残虐」と思われる行為が、当時の倫理観ではあまり問題視されていなかったという状況が含まれています。
(4)　1876年から1964年にかけて存在した、人種差別的内容を含むアメリカ南部諸州における州法の総称です。「ジム・クロウ制度」とも言います。
(5)　場所をわきまえない喫煙のことです。

人間が存在する一部として避けられないものと見なされていましたが、地域ごとに廃止となりました。奴隷制を廃止した国は、ほかの国々が何をしているのかと心配する必要はありませんが、戦争を放棄したいと考えている国は、そうでない国々に対して、引き続き懸念することになります。

　上記の記述は、著者の主張をさらに裏付ける証拠を提供しています。そして、それは、私たちが結論の段落を読んだあとに確立した前提と結論を支持しています。しかし、著者が説明しているもう一つの重要な考えがあります。それに気づきましたか？
　それは、ほかの社会的慣習が「ある時点でそれらが排除され、道徳的に劣っている、あるいは文明的ではないと見なされはじめた」ために廃れていったという第三文にありました。
　このような文章には注意を払うべきです。なぜなら、「○○のために〜（because）」という言い回しが含まれているからです。このような言い回しがある時には、因果関係を知るための有用な手がかりが書かれている可能性があります。それでは、次の文章を書き換えて考えてみましょう。
「発展途上の国々では、かつては人気があり、賞賛すらされていたいくつかの制度のなかに、排除されつつあるか、あるいはすでに完全に排除されているものがあります」

私の書き換え ——いくつかの慣習は、忌避されるようになったために完全に廃止されたか、あるいはその過程にあります。

これで、著者の論旨の要約を次のように修正することができます。

結論——大規模な戦争は、決闘や奴隷制、そして流行から外れたほかのいくつかの社会的慣習と同じく、忌避されるようになっているために廃れつつある。

著者の議論における「忌避される」という側面を取り入れることで、論旨をより正確に述べることができました。

論理への挑戦 —— 批評の実践

ここで私たちがすべきことは二つとなります。第一に、前提が妥当であるかどうかを検証します。第二に、結論が前提から論理的に導かれているかどうかを問います。これが、論旨を批評する際の本質となります。

前提❶ 戦争は人間の本質に不可欠なものではなく、社会的な気取りである。

著者のミューラーは、戦争は社会的な虚飾であり、やり過ごせるものだと書いています。私はこれを、「戦争は人間の本質によって引き起こされるのではなく、社会的に構築された行動によって引き起こされるものと考えている」と解釈しました。

もし、ミューラーが正しく、戦争が社会的に構築された行動であり、人間の本質の一部ではないとするならば、戦争が時代

遅れになる可能性があるかもしれません。しかし、もし彼がまちがっていて、実際には戦争が人間の本質の一部であるならば、その側面が変わらない限り、戦争が時代遅れになることはありません。

そしてミューラーは、少なくともこの最後の段落（彼の主な考え、主張をまとめるべきところ）では、人間の本質の変化について何も論じていません。実際、彼は、戦争が人間の社会的慣習によって引き起こされ、これらの慣習が流行から外れれば戦争も廃れていくと主張しているのです。

したがって、第一の前提は、戦争が人間の本質に固有のものではなく、社会的な現象であるという仮定に基づいています。次に、第二の前提に目を向け、その仮定も検討してみましょう。

前提❷ 戦争は、もはや流行ではないほかの社会的慣習と類似している。

この前提では、二つの点が疑問となります。つまり、戦争がほかの社会的慣習と類似しているという点と、それらの慣習が廃れていったという点です。

ミューラーは、戦争が決闘や奴隷制と全く同じでないことを認めていますが、それでもなお、それが十分に類似していると主張し、決闘や奴隷制が廃れたように、戦争も時代遅れになりつつあると示唆しています。しかし、それは本当なのでしょうか？　奴隷制は廃れたのでしょうか？

この本は1989年に発表されたものですが、それ以来、いくつかのことが起こっています[原1]。その一つが、奴隷制の急増で

す。売春や家事労働などの強制を目的とした、国際的な女性や子どもたちの人身売買が、国際犯罪組織の力が増すにつれて拡大しています。

現在、奴隷状態にある人々の数は、アフリカ奴隷貿易の最盛期を上回っていると推定する人もいます[原2]。したがって、奴隷制は全く廃れていないというのが妥当な見解となります。単に、姿を変えただけなのです。

あえてミューラーを擁護するために言えば、奴隷制はかつて社会に受け入れられていました。アメリカの大統領やエリート階級の人々、大規模農園の所有者やそのほかの富裕層が奴隷を

(原1) 先にアドバイスしたように、もし本のなかの章を割り当てられた場合、その本全体を確認し、著者の論旨を把握することを常に心がけましょう。同じく、論文を割り当てられた場合でも、著者がその後に本の章（または章の一部）として出版したかどうかをインターネットなどで確認するべきです。そうすれば、もとの論文とのちに出版されたバージョン（John Mueller, "The Obsolescence of Major War",『Conflict After the Cold War : Arguments on Causes of War and Peace』内のチャプター、pp. 19-32、2021.）を比較することができます。このような追加調査は、より深い洞察を得るために重要となります。例えば、ミューラーがのちに発表したバージョンでは、もとの論文と少し異なっていました。こうした違いに注目し、もとの論文とのちに出版されたバージョンを比較することは、教授に好印象を与えるだけでなく、著者の論旨がどのように進化したかを明確に把握する助けともなります。特に、著者が言葉遣いをどのように変更したのかに注目すれば、その変更が、彼の主張の健全性や議論の展開にどのような影響を与えているのかについて考察することができます。こうした比較によって、著者が初期段階で主張していたことと、のちに加筆や修正が施された議論の違いを理解し、批評の一環として議論の強化や修正に注目することが可能になります。

(原2) Ethan B. Kapstein "The New Global Slave Trade", 第85巻第6号、pp. 103-115、2006年11月～12月号）。

所有することは適切なものと見なされていました。しかし、今日では、ほとんど人が奴隷を所有することは適切な行為ではない、と考えています。だからこそ奴隷貿易は違法であり、現存する奴隷商人たちはその行為を隠蔽しているのです。その意味では、ミューラーの主張にも一理あると言えるかもしれません。

さて、彼がリストアップした、かつては受け入れられていた社会的慣習がすべて本当に廃れてしまっているのか、一つずつ検証してみましょう。それぞれを詳しく調べると、結果は様々なものとなります。

決闘？　確かに、ピストルで争いを解決する人はあまりいませんね。でも、よく考えてみると、ギャングの人たちがいつもやっていることではないでしょうか。ただし、20歩ほど離れた距離[6]での、一対一の撃ちあいではありませんが。

一方、素手での殴りあいはどうでしょうか？　もしかしたら、ミューラーと私が行く酒場が違うかもしれません。確かに、私もそのようなバーには決して行きませんが、酒場において拳で殴りあいをする人たちについて話を聞いたことはあります。証拠はありませんが、昔ながらの、拳での殴りあいはまだ健在だと思います。ただ、具体的なデータがないので確かとは言えませんが……。

無差別な残虐行為？　イスラム国による公開の斬首は、ミューラーがこの論文を発表した25年以上あとに起こっています。ただし、彼が言っているのは発展途上国ではなく先進国についてであり、先進国では受け入れられるものではありません。

最後に、公的な場所での喫煙についてはどうでしょうか？

これについては、ミューラーの言い分が当たっているかもしれません。確かにアメリカでは、それが不快で不健康なものと見なされるようになりました。

　では、ミューラーが何を主張しているのかを自問してみましょう。ミューラーは、これらの慣習が完全に廃れたと言っているのでしょうか？　それとも、単に社会的に忌避されるようになったため、あまり行われなくなったと言っているのでしょうか？

　テキストを振り返ると、後者であるように思えます。そのことは、以下に挙げるフレーズが示唆しています。
「かつては人気があり、賞賛すらされていたほかのいくつかの制度のなかには、排除されつつあるか、あるいはすでに完全に排除されているものがあります。それは、ある時点で、それらが忌避され、道徳的に劣っている、あるいは文明的ではないと見なされはじめたからです」

　ミューラーが挙げた慣習のなかには、すでに廃れたものや廃れつつあるものも含まれていますが、リストに挙げられたほかのものには当てはまりません。例えば、インターネットのおかげで「フリークショー」や「奇人見世物小屋」[7]は、むしろ以前よりも人気があるかもしれません。言うまでもなく、これには議論の余地があります。

（6）　一対一の決闘の場において、お互いに背中を向けて「10」を数えながら歩き、その場所で向き直った瞬間に撃ちあうというシーンが、古い西部劇などで描かれていました。

少なくとも、彼のリストにある各項目について疑問を投げかけることはできるでしょう。もし、そのようにしていけば、彼の議論の安定性が次第に崩れていくのが分かります。

　次に、廃れた慣習が、本当にそれが忌避される（または非道徳的である、文明的ではないと見なされる）ようになったからなのかどうかについて問う必要があります。ここにも、事実確認のための記録として様々なものが存在しています。

　一例を挙げると、公的な場所での喫煙が徐々に廃れつつあるのは、マナーがよくなったからなのか、それとも不健康であると理解されたからなのでしょうか？　この場合、両方の要素が関係しているかもしれません。とはいえ、喫煙が不健康だと認識されたからこそ忌避されるようになった可能性が高いと思われます。

　ある慣習の流行と衰退について、以上のように検討することはとても重要です。ミューラーは、大規模な戦争が廃れつつあるのは、かつて一般的だったほかの社会的慣習と同じように、それが忌避されるようになってきたからだ、と主張しているようです。

　しかし、彼が引用しているほかの社会的慣習が実際には廃れていなかったり、あるいは忌避される以外の理由で廃れたのであれば、ミューラーの主張は揺らぐ可能性が高まります。そして、**その仮定を疑問視する形で、あなたはその主張を揺るがすことができるのです。**

　著者の論旨に一つの弱点があると分かったことで、もう一つの問題が明らかになります。もし、戦争がほかの社会的慣習と

十分に類似していないとしたらどうでしょうか？　もし、戦争が独特なものであったらどうでしょうか？　もし、戦争がほかの社会的慣習とは異なるものであると説得力をもって論じることができれば、ミューラーの主張は単に揺らぐだけでなく、崩れ落ちることになるでしょう。

さらに、もう一つ問題があります。仮定を明らかにすることで論旨の欠陥を見つけることができます。一つの仮定は、戦争がほかの社会的慣習と十分に比較可能であるということです。では、ミューラーが採用しているもう一つの仮定とは何でしょうか？

彼にとっての重要な「主張」を思い出してください。大規模な戦争は、ほかのいくつかの社会的慣習と同じく忌避されるようになっているために廃れつつある、というものです。

これまで私たちは、戦争がほかの社会的慣習と比較されている点に焦点を当ててきました。それでは、忌避されるという部分はどうでしょうか？　忌避されることが、必ずしも何かを廃れさせる原因になるとは限らないとしたら？　戦争が忌避されるようになっても、それでもなお続く可能性があるとしたらどうなるでしょうか？

その理由を考えると、ほかの要因が作用している可能性があります。戦争は非常に多くの要因によって引き起こされ、その

（7）　通常、サーカスや移動興行の一部として、身体的に異常な特徴をもつ人々や動物を見世物として公開するショーのことを指します。19世紀から20世紀初頭にかけて人気がありましたが、倫理的な問題から徐々に廃れていきました。

醜悪さにもかかわらず、ある人々にとっては依然として特定の利益をもたらすと考えられているため、人々は戦争に関与し続けているのかもしれません。

さらなる挑発的な仮説として、まさに忌避される戦争の性質が一部の人々を引きつける可能性も考えられます。例えば、戦争がタブー視されるからこそ、一部の人々や国家が魅力的なものと感じているかもしれないのです。

もし、戦争が、忌避されるだけでは廃れるのに不十分であるという説得力のある議論が構築できれば、ミューラーの論旨は単に揺らぐだけでなく、完全に崩壊する可能性も出てきます。

これまでの流れを振り返ってみましょう。まず、タイトルを著者の論旨の手がかりとして読み、考察をはじめました。次に、「大規模な戦争は時代遅れである」という仮の論旨を作成し、最後の段落を慎重に読むことでその仮説を修正しました。そして、最後の段落を詳しく検討したあと、その本質的な前提と結論を、簡潔で、できるだけ単純な文章にまとめました。

次に行ったのが、前提と結論が依拠するいくつかの仮定のリストアップです。これらの仮定をリストアップしただけで、論理構成における弱点を見つけることができました。

そして、最終段階では、論旨をいくつかのパーツに分けて、それぞれの中身を丁寧に検討しました。まず、戦争がほかの社会的慣習に似ているという前提を検討し、そのあとに、忌避されることが戦争を廃れさせる原因になるのかという命題について精査しました。

このような過程を通して、著者の論旨に潜む、深刻な弱点を明らかにすることができました。

　私が説明したこの批評の過程は、ほぼすべての学術的なテキストに適用できるはずです。この過程に従って、まず著者の主張に関連する重要な文章を見つけだし、それに基づいて全体を読み進めていきます。

　このようにすれば、重要な仮定や疑わしい論理の流れがより迅速に見つけられるようになります。要するに、あなたには、強力な批評を行うための準備が整ったことになります。

　批評とは、著者の論旨を厳密に分析することであり、その分析に基づいて論理の弱点を鋭く指摘することです。そうすれば、教授や同学年の学生らの前に立つ時、あなたは自信をもって自らの批評を発表することができるでしょう。頭の中で考えていることをさらけだすという行為を恐れずに、その批評が厳密であり、的確であるという確信をもって堂々と発表することができるはずです。

まとめ

❶批評は、不満を表明するためのものではありません。

❷批評は書評ではありません。つまり、著者が書いたことを単に繰り返すことではありません。

❸批評とは、著者の論旨における強みと弱みを厳密に分析することです。

❹強力な批評においては、著者が行わなかったことについて議

論するのは、省略されたことがそのテーマの理解に不可欠である時に限られます。

強力な批評を行うためには、次のことを実践しましょう。
・論旨が明確な一つの文章を抽出する。
・主な前提と結論を、簡潔で明確な文章でリストアップする。
・各前提が依拠する主要な仮定を特定する。
・結論が、前提から論理的に導かれるかどうかを問う。

　学術的なテキストを解剖し、批評するための第1章と第2章は、学術・学問の世界で成功するために必要とされる最も基本的なスキルを身につけるために役立ちます。しかしながら、これらの章を読んだからといって、すぐにその方法が習得できるとは思わないでください。いかなるスキルにおいても同じですが、練習を重ねることで技術はより洗練されていきます。

　また、テキストの高度な分析は、学術的な知識を身につけるための最初の段階でしかありません。次に進むべき道は、自分自身が執筆を行うことです。小論文やレポート、最終的には卒業研究論文や修士論文、そして博士論文を作成する際には、論理的な構造、合理的な推論、そして健全な結論を示すことが求められます。幸いなことに、明確さと活力をもって書き、話すための方法が存在しています。

　以下に続く二つの章では、文章を磨き、話す内容を洗練させるための具体的な方法を紹介していきます。

| 訳者コラム |

アンラーニング──学び直しのための心構え

　アンラーニングとは、過去の知識や固定観念を見直し、新たな視点を受け入れるプロセスのことです。これは、学んだことを単に忘れてしまうのではなく、柔軟な思考で現状に適応するための準備を意味します。

　変化の激しい社会では、過去の知識がそのままでは通用しないこともあります。アンラーニングによって、自分の考えや思いこみを問い直し、新しい情報や視点を受け入れます。それによって、柔軟に対応し続ける力が養われます。

　このスキルは、現代の学びやキャリア形成において不可欠です。過去の知識に縛られず、時と場合に応じてリセットする心構えをもてば、成長を続けることが可能になります。

第3章を読む前の学生との対話

タカシ 第2章で「批評」を学び、テキストを深く理解することの大切さが分かりました。次は文章を書くスキルですね……正直、自信がありません。

ケニチ みんなそうですよ。文章を書くというのは、練習が必要なスキルです。しかし、ポイントを押さえれば必ず上達します。まずは、書く目的を明確にしましょう。

タカシ なるほど。でも、文章が長くなりすぎて要点がぼやけてしまうことが多いです。

ケニチ よくある悩みですね。文章を明確にするためには、簡潔さが大切です。余分な言葉を削り、短い言葉に置き換えれば伝わりやすくなります。

ミホ 最近、就職活動と卒業研究で忙しく、納得のいく文章を書くのがとても難しいと感じています。もっと上手に書くには、どうすればいいのでしょうか？

ケニチ 書きはじめる前に、全体の流れをイメージしてみるといいでしょう。何を最初に書き、次にどのポイントを述べるのかについて考えるのです。さらに「コロンボの原則」を使って、序論で主張や問いをはっきり提示すると、文章全体が整いやすくなります。

ミホ なるほど。「コロンボの原則」は第1章にも出てきましたね。卒業研究の序論で試してみます！

ケニチ その意気です。基本を押さえれば、どんな文章でも質が上がります。

タカシ 僕も「オーウェルのルール」と「コロンボの原則」を使って練習してみます。これからの学びが楽しみです！

ケニチ その調子です。書くスキルはすべての分野で活かせる重要なものですから、自信がもてるように頑張ってください。

第3章
書く方法

　ほとんどの学生は、執筆を抽象的な現代アートのように捉えています。言葉を原稿用紙もしくはコンピュータのワード／ドキュメント画面にぶちまければ、それらが何らかの形でまとまり、一貫性のあるイメージを形成するだろうと考えているのです。なかには、自分の言葉を色鮮やかなコラージュ（視覚芸術の一種）の一部と見なして、好きなように並べ替えればいいと思っている人もいます。

　しかし、残念ながら、読者はあなたの頭の中で何が起こっているのか全く理解していませんし、それを知る準備もできていません。**この段階でのあなたの任務は、読者の手を取って、あなたがたどった思考の軌跡を理解する旅に、優しくかつ丁寧に導くことです**。AからZへ、つまり論文で表す「問い」から発見した「答え」へと、どのように進んだのかを正確に伝える必要があります。さらに、読者がZ地点、つまりあなたの論文の答えにたどり着いた時、その答えが正しいものであると認識してもらう必要があります。

　この過程を明確に理解してもらうことが、あなたの使命となります。この方法を学ぶことこそが、学術・学問の世界で最も重要な目標となります。言い換えれば、あなたの文章全体に共通する最も重要な目標は「**明確さ**」にあるということです。

すべての学術的な活動において「**明確さ**」を追い求めましょう。思考が明確なら、「**読むこと**」、「**書くこと**」、「**話すこと**」、そして「**研究すること**」も明確になります。そして、思考も一層明確なものになります。

　本章では、あなたの文章をより明確にするために、以下の三つのことをお伝えします。

❶素早く要点に到達するためのヒント
❷論文を明確に構成するための公式
❸文章を魅力的にするためのスタイル戦術

素早く要点に到達する方法 ──「コロンボの原則」を使う

　あなたが生まれるずっと前、1970年代に『刑事コロンボ』というテレビドラマ番組がありました。主人公である刑事は、俳優ピーター・フォーク（Peter Michael Falk, 1927〜2011）によって演じられました。驚くことに、このドラマは、毎回同じようなストーリーとなっているにもかかわらず、非常に人気がありました。

　とある裕福な特権階級の人物が「完全犯罪」と思われる殺人を実行するのですが、最終的にはコロンボ刑事がその人物を真犯人として特定するというのが基本的な流れになっていました。

　さらに驚くのは、一般的な殺人ミステリーとは違って、視聴者である私たちは、物語がはじまってすぐに犯行現場を目撃してしまうのです。言い換えれば、最初から「犯人」が分かっている状態です。そうです！　このミステリー番組の真の魅力は、

刑事コロンボがどのようにその謎を解き明かすかにあったのです。

あなたの文章や論文も、『刑事コロンボ』のように構成しましょう。読者にあなたの論文の主題を推測させるのではなく、最初に、明確に伝えるのです。読者が興味をもつポイントは、あなたがどのようにしてその結論にたどり着いたのか、その過程にあるのです。

明確に構成するための公式

ここでは、「コロンボの原則」を応用して、論文を効果的に構成するための三つの公式を紹介します。この方法は、研究論文から修士論文、博士論文に至るまで、あらゆる形式の学術的な執筆の際に適用可能です。とはいえ、これらはあくまでも公式です。厳格に使いすぎると型にはまってしまうため、柔軟に取り入れるという配慮が大切となります。最初はこれらの公式に従い、慣れてきたら自分なりにアレンジしてください。

公式1 最初の一文を問いの形で表現し、あなたが探究したいことが何であるかを読み手に分かりやすく伝える。

以下の例について考えてみましょう。
- 人々はなぜ、二度と訪れないレストランでウェイターにチップを渡すのだろうか？
- チュニジアの2010年から2011年の革命［ジャスミン革命］は、地域の安定にどのような影響を与えたのか？

・リサイクルが環境に与える全体的な影響は何か？
・イェイツ（William Butler Yeats, 1865〜1939）の政治的見解は、彼の詩にどのような影響を与えたのか？
・キケロ（Marcus Tullius Cicero, BC106〜BC43）は、なぜ元老院議員に立候補したのか？
・ある国が豊かで、ほかの国が貧しいのはなぜか？

このように、段落の最初に問いを提示して、続く文章でその問いを詳細に説明し、解説していくわけです。そして、段落の最後に、あなたの論文の主張を明確に述べましょう。では、最初の段落がどのようになるのか想像してみましょう。

> **人々はなぜ、二度と訪れることのないレストランでウェイターにチップを渡すのだろうか？**
> 　チップを渡すことは、次の機会にもそのレストランでよいサービスを受けるための手段だと考えられます。しかし、多くのアメリカ人は、二度と訪れない可能性が高いにもかかわらず、旅の途中に立ち寄るレストランや、高速道路の出口近くにある飲食店でもウェイターにチップを渡しています。
> 　このような行為は単なる習慣なのでしょうか？　それとも、社会的な条件づけによるものでしょうか？　あるいは、この行為の背後には、私たちが気づかない、何か深い人間性が存在しているのでしょうか？
> 　私が調べたところによれば、遠方でチップを渡すという行為は、労働者階級の人々との階級的な連帯感から生じるもの

|であることが示唆されています。

　この論文を読むと、アメリカ人が遠方でチップを渡す理由として、労働者階級の人々との連帯感から生じている、と主張している可能性があります。想像される例としては、裕福なアメリカ人のほうが中産階級や労働者階級の人々よりもチップを渡す頻度が低いというデータを示す、ということが挙げられます。

　ここで注目すべきなのは、議論そのものではなく、最初の段落の構造です。この段落は、解答が明確ではない問いからはじまっており、次にその問いに具体的な焦点を当てる文章が続いています。問いの範囲を、すべての人々ではなくアメリカ人に絞り、「二度と訪れないレストラン」という定義も詳述しています。そして、最後の文章で、この問いに対する仮説的な答えを提示し、それが論文の主張となっています。

　このように、最初の段落で、何が議論の対象であるのか、そして何が結論とされているのかについて、読者に対して明確に伝えています。**これが「コロンボの原則」を適用した一例となります。**

　論文のほかの部分では、あなたが集めたデータが提示され、それをもとにして、徐々に主張を裏付けるための論証が構築されていくことになります。私たちがこの論文を最後まで読み続ける理由は、まさにそこにあります。つまり、どのような道筋をたどってAからZに至ったのか、階級的な連帯感が遠方におけるチップという行動の謎を解く鍵だという結論にどのようにして到達したのか、それが知りたくなるわけです。

私は、それをとても知りたいと思う類いの人間です。だから、ぜひその過程を説得力のあるものにしてください。

　ただし、注意が必要です。**不正を働くこと、対立する証拠を意図的に無視すること**、あるいは、最悪の場合、**データを捏造して論証を構築するようなこと**をしてはいけません。そんなことをすると、私を完全に失望させることになります。

　もし将来、万が一、あなたが学問的な「煉獄」に引きずりこまれることになったとしても、決して「この本を読んだことがある」とは言わないでください！

公式2　最初の文章を主張にする

　さらに大胆なやり方として、段落の最初で「主張」を提示してしまうというのがあります。この公式では、最初の段落に書かれている最後の文章を読むまでもなく、読者が最初に読んだ文章が「主張」そのものとなります。探偵ドラマにたとえれば、最初のショット（ワンカット）で殺人事件が実行されるようなものです。

　あなたの論文がはじまった瞬間から、読み手はあなたの主張を理解します。よって、その冒頭段落の残りの部分では、あなたが答えようとしている問いと、その問いがなぜ重要であるのか、そして、より大きな、どのようなことに結びついているのかを説明することになります。そして、論文全体を通して、あなたの主張が正しいことを読み手に納得させることになります。

　では、これらの大胆な冒頭文がどのようになるのか想像してみましょう。

・「プライミング」[1]には、少数派のテストスコアを低下させる効果がある。
・チュニジアの革命はエジプトを不安定にした。
・リサイクルは環境に悪い影響を与える。
・イェイツの共和主義的価値観は、彼の詩のなかで自由を強調させた。
・キケロが元老院に立候補したのは、野心だけでなく腐敗への嫌悪が理由であった。
・地理的な優位性が、ヨーロッパ人による世界支配を可能にした。

では、最後の文章を例として、それに続く冒頭段落を想像してみましょう。主張のあとに、その論文が探究していること、すなわち「問い」に言及して、その背景状況を説明します。そして、主張を詳しく説明し、それをより大きな問題に結びつけます（たとえ一時的であっても）。

> **・地理的な優位性が、ヨーロッパ人による世界支配を可能にした。**
> 様々な学問分野の学者たちは、なぜある国は豊かで、他の国は貧しいのかと、長年にわたって疑問を抱いてきました。世界的な富と権力の分配面における不均衡は、種族的、文化

---

[1] プライミング（効果）とは、心理学用語で、先行する刺激（プライマー）によって、その後の判断や行動が影響を受けるという現象です。無意識レベルで発生し、人々の行動に潜在的な影響を及ぼします。

的、気候的、またはその他の要因に由来するのでしょうか？もし、私たちが世界的不平等の根源について理解できれば、それを是正するためのより良い手段を構築することはできるでしょうか？

　私は、ユーラシア大陸の地理的な優位性がヨーロッパ人に発展するための大きなチャンスを与え、最終的には、彼らが世界の多くを植民地化することを可能にしたと主張します。このような複雑なプロセスがどのように展開したのかを理解するためには、まず、社会が存在する以前の時代までさかのぼる必要があります。

この文章は、ジャレド・ダイアモンド（Jared Mason Diamond）のベストセラーである『銃・病原菌・鉄（上下）』（倉骨彰訳、草思社、2012年）[原1]における議論を大まかに要約したものです。各文章を分析し、それぞれの役割を見てみましょう。

文1：地理的な優位性が、ヨーロッパ人による世界支配を可能にした。

　読者の関心を引く大胆な主張であり、それを直接提示しています。

文2：様々な学問分野の学者たちは、なぜある国は豊かで、他の国は貧しいのかと、長年にわたって疑問を抱いてきました。

　論文全体を動かす問いを提示しています。この問いが研究の核心にあります。

文3：世界的な富と権力の分配面における不均衡は、種族的、文化的、気候的、またはその他の要因に由来するのでしょうか？

問いをさらに深め、考察を広げるための補足説明となっています。
文4：もし、私たちが世界的不平等の根源について理解できれば、それを是正するためのより良い手段を構築することはできるでしょうか？
　問いを大きな社会問題や重要な課題に結びつけ、読者にその意義を認識させています。
文5：私は、ユーラシア大陸の地理的な優位性がヨーロッパ人に発展するための大きなチャンスを与え、最終的には、彼らが世界の多くを植民地化することを可能にしたと主張します。
　主張を詳しく説明し、筆者の主張を明確にしています。
文6：このような複雑なプロセスがどのように展開したのかを理解するためには、まず、社会が存在する以前の時代までさかのぼる必要があります。
　次の段落への橋渡しとして、さらなる探求の必要性を提示しており、継続して読者の関心を引きつけています。

　このように、各文章が論文の流れをスムーズにしており、読者に興味をもたせながら論理的な流れが維持されています。
　論文を「主張」ではじめることには、少なくとも二つの重要な利点があります。
　まずは、主張を最初に示すことで、読者に対して「あなたに伝えたい具体的な考えがある」と明確に伝えられます。これに

（原1）　"Guns, Germs, and Steel : The Fates of Human Societies" New York : Norton, 1999.

よって読者は、無駄な説明や冗長な話に時間を取られず、論文が具体的な方向性をもって進むであろうという期待を抱きます。特に、**教授が読者となる場合は、すぐに論点が提示されたことで、あなたの論文に対して高い期待感をもつはずです。**

次に、主張を最初に示すことで、執筆中であるあなた自身も非常に役立ちます。論文全体が主張を支持するためのものだと意識することで、書く内容がその目的に一致しているのかどうかを常に確認することができるのです。「公式1　最初の一文を問いの形で表現し……」でも同様の効果が得られますが、「公式2　最初の文章を主張にする」ではより具体的に論点を進めることができます。

また、冒頭に示す主張は、文章の進行に迷った時に参照すべき大事な判断基準となります。モニターの一番上に目をやるだけで、自分が何を主張しているのか簡単に思い出せるからです。

執筆中には、脇道にそれてしまうということが意外なほど多いものです。ある段落が必要かどうかと迷った時は、論文の冒頭に示された主張が、それを含めるべきかどうかを判断する助けとなるでしょう。

公式3　心をつかむ冒頭をつくる

先に挙げた二つの公式を練習してからでないと試すことをおすすめしませんが、もう一つの方法として、キャッチーな話ではじめるというものがあります。この場合では、読者を引きこみ、研究に関する問いや主張を設定する短いエピソードを2段落以内で伝えます。

この方法については「話し方」に関する第4章で詳しく説明しますので、ここでは、アーネスト・ヘミングウェイ（Ernest Miller Hemingway, 1899～1961）とジョージ・オーウェル（George Orwell, 1903～1950）という優れた作家による、心をつかむ冒頭部分の例をいくつか見ていきましょう。

彼らが書いた文章を例として挙げるからといって、「彼らのように書くことを目指すべきだ」と言いたいわけではありません。それに、少しハードルが高すぎるでしょう。**巧妙な構成さえすれば冒頭から読者を引きこむことができる**、と私は示したいだけです。

アーネスト・ヘミングウェイの不穏な短編小説『The Short Happy Life of Francis Macomber』[2]は、次の一文からはじまります。

「昼食の時間になって、彼らはみな何事もなかったかのように、食事用テントの二重になった緑色の垂れ布の下にすわっていた」（邦訳書27ページ）

ヘミングウェイは、すぐに私たちの好奇心を掻き立てます。明らかに何かが起こったのですが、私たちにはそれが何か分かりません。なぜ、彼らは何も起こらなかったふりをしなければならなかったのでしょうか？　私たちは、すぐさまシナリオや解釈を考えはじめてしまいます。そして、真実が知りたくなります。

さらに、いくつかの段落のあと、ヘミングウェイはもう一つ

（2）『キリマンジャロの雪／フランシス・マカンバーの短く幸せな生涯』（ヘミングウェイ全短編1）高見浩訳、新潮社、1996年。

の驚くべき一文を私たちに投げかけます。この一文で彼は、主人公のフランシス・マカンバーをかなり印象的な言葉で描写しています。

「歳は三十五。体調はいつもベストな状態を保ち、コートを使う球技に乗じる一方、大物釣りの記録をたくさん持っている。そしてついさっき、自分が臆病者であることを公然と暴露してしまったところだった」(前掲邦訳書28ページ)

ヘミングウェイは、驚きによって私たちの注意を引きつけます。彼は、私たちにあることを考えさせ、それから私たちの期待とは異なる何かを明らかにすることで私たちを驚かせているのです。そして、ただ驚かせるだけでなく、再び私たちを物語のなかに引きこんでいます。

この段階では、「マカンバーは、いったい何をして臆病者であることを明らかにしたのか?」という問いが生まれ、それが知りたくてページをめくってしまいます。

もう一つ、読み手を引きつける例を挙げましょう。

ジョージ・オーウェルの名エッセイ『象を撃つ』[3]は、次の一文からはじまります。

「下ビルマ[4]のモールメインでは、私はたくさんの人々に憎まれていた——たくさんの人びとに憎まれるほど重要な存在になったことは、私の生涯でこの時だけである」(邦訳書19ページ)

冒頭の一文でオーウェルは、私たちの頭を活性化させ、物語のなかに引きこむことに成功しています。なぜ、彼がこれほど多くの人々に嫌われたのか、一体彼は何をしたのかと、私たちは考えずにはいられません。彼は殺人者なのか、泥棒なのか、

それとも何か別のことをした悪党なのか？　そして、なぜ彼は下ビルマにいたのか？　こうした問いが次々と頭に浮かび、私たちはその答えを知りたくなってしまいます。

　これが、**巧妙に構成された冒頭の力**です。読者の好奇心を掻き立て、同時に問いと答えをセットアップするのです。ただし、その後に続くすべての内容において、このような好奇心にこたえる必要があります。

　今、あなたは次のように思っているかもしれません。
「超有名な作家たちの文学的技法を学生の学術論文と比較するというのは妥当だろうか？」
「私に劣等感を抱かせようとしているのか？」
「ヘミングウェイやオーウェルのように書けないことを、卑下させようとしているのか？」

　要するに、学術的な執筆は全く異なる形式をもっており、それ自体に独自のスタイルや形式があるじゃないか、という疑問を抱いたと思います。

　もちろん、学術的な文章は、小説のような文章とは同じ形式になっていません。しかし、**それでも学術的な文章は創作的であるべき**です。実験データを扱う場合は別ですが（捏造やでっちあげはダメ）、文体については創作的であるべきなのです。

　それをふまえると、重要な問いが浮かんできます。それは、

（3）『オーウェル評論集　1　象を撃つ』川端康雄編、井上摩耶子ほか訳、平凡社ライブラリー、1995年。
（4）　下ビルマはミャンマー（ビルマ）の地域名で、エーヤワディー川流域の平原部のうち下流域を指します。モールメインは、ミャンマー南部の都市モーラミャインの旧称です。

「学術的な文章は退屈でなければならないのか、それとも読者を引きつけるべきなのか？」という問いです。

　本書の目的は、あなたの能力を最大限に引きだすことです。もし、あなたがもっている考えが、学術的な意味において将来性が極めて乏しいものであったり、あるいは考え自体を全くもち合わせていない場合は、文章を巧みに操るスキルが仮にあったとしても助けにはならないでしょう。たぶん、多くの教授は、言葉の飾り立てや表面的な言葉遊びを簡単に見抜いてしまうでしょう。

　逆に、よい考えをもっていても、文章力が弱ければその輝きは消えてしまいます。考え自体がよくても、それをうまく伝えることができなければ、読者はそれを受け入れることができないため評価もしないでしょう。

　もし、あなたがよい考えをもっていて、それを力強く伝えるだけの文章力があれば、どれほど大きな成果が得られるのかについて想像してみてください。ご理解いただければ、私のアドバイスを受け入れて、時間をかけて、思慮深く洗練された段落をつくりあげることに注力してください。その助けとなる一つの方法が、このあとに説明する「**簡潔さへの追求**」です。

文章を魅力的にするためのスタイル戦術

◀ オーウェルのルールを使う

　1946年、オーウェルは『政治と英語』[原2]というエッセイを

発表し、そのなかで明確な文章を書くためのルールを六つ提示しました。それらは現在でも有効なものですが、少し説明を加える必要があります。以下にオーウェルのルールを挙げ、続いて私自身の補足を付け加えていきます。

❶出版物でよく目にする比喩、直喩、またはほかの言い回しは決して使わないこと。

私の言葉で言い換えるなら、「**クリシェ（常套句）**[5]**チェックを行いましょう**」となります。

私はよく、Wordのスペルチェック機能のように、「クリシェチェック機能」をマイクロソフト社が発明してくれたらいいのに、と思います。ご存じのように、まだ実現していませんので、自分でチェックするしかありません。ソフトウェアは必要ありませんが、クリシェに気づくだけの認識力は必要になります。もし、すぐに思い浮かぶようなフレーズがあれば、それはおそらくクリシェです。

それらに気づく訓練をはじめさえすれば、至る所でクリシェが見つかるようになるでしょう。まるで飛び回るウサギのようにクリシェが増えていく様子に気づくでしょうし、疫病に対するように、それらを避けるようになるでしょう（どうです、これもクリシェですね！）。

(原2) （原題：Politics and the English Language）1946年。https://www.resort.com/~prime8/Orwell/patee.html
（5）（cliché）クリシェとは、ネガティブな文脈での、型にはまった表現や考え、決まり文句、紋切り型のことを指します。

いずれにしろ、クリシェに気づき、それを避けることが文章の明確さを保つ第一歩となります。

❷短い言葉で表せるところで長い言葉を使わない。

これは「シンプルにしておけ、この間抜け！（KISS の原則）」[6]です。一般的に学生は、自分が書いた文章を知的に見せるために高尚な言葉を使わなければならないと考えがちです。しかし、こういった考えや行為は、自分の考えをシンプルかつ明確にさらけだすことを恐れるあまり、自らの考えを読者に隠しているようなものです。**その結果として、自分が見栄を張っていることが露見してしまいます**。素朴に、考えていることをそのままシンプルに表現しましょう。

シンプルな言葉と短い文章を使えば、あなたの考えの本質が読者により伝わりやすくなります。要するに、短く簡潔にすることで、文章がより力強く、説得力をもつようになるのです。

❸可能であれば言葉を削除する。

これは、ウィリアム・ストランク（William Strunk Jr., 1869〜1946）の簡潔なアドバイス「不要な言葉を省け」[原3]にも通じます。私はこれを「chop shop ルール」[7]と呼んでいます。要するに、文章から余分な脂肪を取り除いて、必要な部分だけを残すという作業です。

スティーブン・ピンカー（Steven Pinker）は、2014年に著した『The Sense of Style: The Thinking Person's Guide to Writing in the 21st Century（スタイルのセンス：21世紀の思

考者のための文章ガイド』(Penguin, 2014) のなかで、**文章の長さ自体は問題ではなく、重要なのは明確さである**と主張しています^(原4)。私も、ある程度その意見に賛成です。ただし、もし読者があなたの考えを容易に追うことができるのであれば、少し長めの文章でも問題はありません。

しかし、本書は学部生や大学院生を対象にしたものです。あなたが学生であるなら、まずは文章を必要最小限の言葉に削減するように心がけるべきです。「最小限の言葉を使え」という意味ではなく、**意味を伝えるために必要な言葉だけを使うべきだ**ということです。

文章力が向上すれば、長い文章を書くことに挑戦したくなるかもしれませんが、最初のうちはシンプルな文体を保ち、より明確に考えが伝わるようにしましょう。

―――――――――――――――――

(原3) ウィリアム・ストランクによる著者向けのアドバイスの原版は1919年に出版されました。最新版は、ウィリアム・ストランク・ジュニアとE・B・ホワイトが著した『The Elements of Style, 4th ed.』(ニューヨーク：Longman, 2000) です。

(原4) ピンカーは、不要な言葉を省くことは合理的であると強調していますが、極端な適用は推奨していません。また、文にはスタイルも必要です。それは、耳に心地よく、記憶に残り、力強いものであるべきであること、そして、すべての文がこれらすべてを備えているわけではありませんが、少なくとも明確な文章であるべき、と主張しています。

(6) 「KISSの原則」とは、1960年代のアメリカ海軍で言われた「Keep It Simple, Stupid」という経験的な原理・原則の略語です。設計や考えをシンプルに保つことが成功のカギであり、不要な複雑さは避けるべきだ、ということを示しています。ほかにも、「Keep it short and simple (簡潔に単純にしておけ)」というものもあります。巻末の「重要用語集」を参照。

(7) chop shop とは、主にアメリカで使われるスラングで、盗難車を解体し、その部品を売る違法業者を指します。

悪いとされる学術的な文章は、ほとんどの場合、不明瞭で曖昧なものとなっています。その曖昧さの原因は、言葉が多すぎることです。したがって、文を可能な限り簡潔にして、より明確な文章にする必要があります。

それでは、曖昧な文章を削除して明確にする例を見ていきましょう（ちなみに、分からない言葉に出合った時は、少し時間を取って調べることをおすすめします）。以下の文章は、私がよく目にする学生の論文のなかにあるものと似ています。

曖昧な文——本論文では、過剰な負荷要因がしばしば統合され、高等教育学位を追究する者たちに診断可能な狂乱的行動パターンの症状を生じさせることが論じられている。

この一文には、無駄な「脂肪」が多すぎます。著者は、できるだけ多くの言葉を詰めこもうとしており、その結果、文章が不必要に長くなっています。余計な部分を削ぎ落として、シンプルで明確な文章にしましょう。

明確な文——大学院生は、しばしば不安を感じている。

では、次の文章に移りましょう。

曖昧な文——この小論文では、イギリス料理の価値を分析する際に様々な要因を評価すべきであると主張されています。一部の観察者の見解では、この料理は、食事処を選ぶ際に真剣に検

討する価値があるとされる特定の品質をもっているかもしれないとされています。

　この文章は、不明瞭なだけでなく、中身がほとんどありません。内容が薄く、意味がはっきりしていないため、読者は学ぶべきものがありません。明解な文章をつくるためには、余計な言葉を削り、証拠に基づいて実質的なポイントを述べる必要があります。

明確な文 ──イギリス料理は美味しい。それは栄養があり、口当たりがよく、歴史的にも国を支えてきた。イギリスのレストランは、食事処の選択肢として上位にランクインすべきだ。

　このような文章であれば、イギリス料理を擁護するという、意外性のある主張となります。二つ目の文章にある「栄養があり、口当たりがよく、歴史的に国を支えてきた」という三つの品質は、これからの議論の柱として機能します。読者は、この三つのポイントに基づいて論文が進行すると理解しますので、明確な構成が示されたことになります。
　このような基礎を習得すれば、「この論文では、Xについて議論し、Yを探求し、最後にZを説明する」という、定型的な文章構成に頼る必要がなくなります。

❹**可能な限り、受動態ではなく能動態を使用する。**
　このことを、私は繰り返し学生に教えていますが、それでも

彼らの論文には、「本論文では○○○が証明されるだろう」といった受動態がたくさん出てきます。提出前に文章のチェックを行い、受動態を取り除き、能動態に置き換えることができるかどうかを確認しましょう。つまり、「**主語（S）−動詞（V）−目的語（O）**」という構造にするのです。

受動態——その競技会は、私によって開催された。
能動態——私がその競技会を開催した。

　一般的に学生は、受動態を好む傾向があります。実際、彼らが受動態とロマンチックな関係にあるのではないかと思ってしまう時もあります。

　私は学生たちに、「受動態を使わないように」と講義で述べ、懇願し、頼みました。みんな、その違いを理解したようですが、それでも彼らは受動態にあふれた論文を提出してくるのです。誰かと悪い関係に陥り、それを解消できずにいるような状況です。稀に、「受動態に別れを告げたか」と思われても、すぐに元に戻ってしまうのです。

　ここには、いくつかの共依存という問題があります。受動態は、あなた自身を議論から遠ざけます。「私はXと主張する」とは言わず、受動態を使ってしまうとあなた自身が消えてしまうのです。例えば、「Xと主張されるだろう」のように。

　多くの学生が受動態に頼ってしまうのは、言葉の背後に隠れたいという願望があるからです。彼らには、自分の考えに責任をもつだけの準備ができていないのです。

一般的とされる受動態の構文には次のようなものがあります。
・本論文では○○○が論じられるだろう。
・このエッセイの研究は○○○を示しているのだろう。
・○○○が見られるだろう。

私からのアドバイスは、これらに似た構文をすべて避けることです。思い切って一歩を踏みだし、あなた自身の個性を受け入れましょう。愛らしくて小さな代名詞「私」を使い、それに、逞しい能動的な動詞を続けてください。
・私は○○○と主張する。
・私は○○○を示す。
・私は○○○を維持し、提案し、断言し、証明する。

もちろん、代名詞「私」を絶対に使う必要はありませんが、何をするにしても、できるだけ能動態を使いましょう。「この章」や「この論文」といったフレーズを使うことも問題ではありませんが、そのあとに動詞と目的語を続けましょう。例えば、**「この章では、能動態が受動態を打ち負かすことを論じます」**といった具合です。

先に紹介した認知言語学者のスティーブン・ピンカーは、受動態を完全に廃止することに異議を唱えています。彼は、受動態の構文がいくつかの有用な目的を果たすことを指摘しています。したがって、私も「すべての受動態を排除するように」と言っているわけではありません。**そのほとんどを排除するように心がけましょう**、ということです。

能動態を優先すれば、あなたの文章はリズムがよくなり、読みやすく、明確なものになるはずです。すべての受動態を排除するのではなく、意味がある場合にだけ使用するように心掛けてください。

❺外国語のフレーズ、専門用語、または業界用語を使わないこと。日常の言葉に置き換えられるのなら、そのほうがよい。

このルールを実際に適用できればいいわけですが、人類学などの分野では専門用語があふれています。以下は私がつくった文章ですが、このように表現されていることが多いのです。
「A教授は、アントロポセン時代に至るまでの現空間に広がる多時間的存在論とかかわりをもちつつ、進行中の線形行列の時間を捻じ曲げ、これを複合しつつ回避する傾向がある」

もちろん、専門用語は、その分野における共通理解のために重要な役割を果たしています。特に、テニュア（常勤職）を目指しているうちは、携わる分野の専門用語をある程度使用する必要があるでしょう。

そして、その後も論文発表が重要な意味をもつ業界で仕事を続けたいのであれば、引き続きこのような難解な用語を使い続けるか、このような専門用語を使わないですむ学術誌を立ちあげて、既存業界に対向するしかないでしょう。

いずれにしろ、可能な限りシンプルな言葉で伝えることが大切です。もし、**教授たちや読者の承認を得て専門用語の少ない文章で書くことができれば、あなた自身の考えも明確に伝わりますし、読者も理解しやすくなります。**そして、複雑な専門用

語を必要としない場合は、できるだけ日常の言葉に置き換えるように努力しましょう。

❻ルールを破る必要がある場合は、つべこべ言わずに行動を。

オーウェル自身がルールを守っていたわけではありません。実際、彼は「受動態を使わない」というルール❹を、自らの名エッセイ『象を撃つ』で破っています。

一例を挙げれば、「下(ロワー)ビルマのモールメインで、私はたくさんの人々から憎まれていた……」という文は、「多くの人々が私を憎んでいた」という能動態にすることできます。しかし、オーウェルは意図的に受動態を選んでいるのです。この表現のほうが文章に緊張感を与え、書き手であるオーウェル自身が「憎しみの対象」であったことを強調するという効果をもっているからです。

さらに、エッセイ全体のテーマ、すなわち彼が受身の立場に終始した下ビルマでの体験談をより良く表現するためには、受動態のほうがふさわしいとも言えます。

要するに、**文章を書くということは、常に判断をともなう作業になる**ということです。一般的には能動態が推奨されるわけですが、効果を高めるためには、あえて受動態を選んでもよいのです。オーウェルのルールも、状況に応じて柔軟に破ることが許されるということです。

❼さっさと要点に入ってください。お願いします。

私は、七つ目のルールを追加します。これはオーウェルのル

ールではなく、私自身のものです。もし、オーウェルが私の立場にあれば、彼もきっと賛成するだろうと思っています。

　学生が書いた論文の多くは、肝心な要点にたどり着く前に段落やページを無駄にし、テーマの周辺をグルグルと回り続けています。このような現象を「**バーテンダーの重荷**」と呼ぶことにしましょう。

　このような現象を説明するために、あなたと私がバーに飲みに行った場面を想像してみてください。バーテンダーの男性が、私に対して「何にしますか？」と尋ねます。私は「スコッチのオン・ザ・ロック」と答えます。次に、バーテンダーがあなたに対して、「あなたは何にしますか？」と尋ねると、あなたは（蝶ネクタイをいじりながら）こう言うのです。
「さて、お若い方、それは非常に興味深い問いですね。人類は古代から様々な飲み物を楽しんできました。古代ギリシャ人は、羊の乳をヤギの膀胱の中で発酵させたと言われていますし、外モンゴルの遊牧民であるヤクを飼育している部族は……」

　神様！　お願いですから、バーテンダーを助けてやってください！　この話が終わるまでにどれくらいの時間がかかるのでしょうか⁉

　これは、あなたの教授（あるいは、そのほかの指導者）に対する、残酷で非人道的な発言となります。どうか、無駄な話で相手（読者）を苦しめないでください。

　私は学生たちに、「さっさと要点に入る」という誓いを立てさせています。そして、あなたにもこれを実行してもらいたいです。右手を挙げて、声に出して誓ってください！

「今後は、すぐさま要点に入ります」と。

　私が提案する公式やルールの目的は、あなたに「すぐさま要点に入れ」と強制することとなります。この方法は、あなたがページを無駄にすることなく論文全体に集中し、あなたが教えを請う教授の精神面における健康を守ることにつながります。

　さらに、ルールとは異なりますが、学術的なテキストを明確で読みやすくするための戦術を以下に追加しておきます。

サブヘディング（小見出し）を使用する

　ほとんどの学術テキストは、一つないし幾つかの段落のまとまりによって、筆者が思い描いている論理構成が順番に示されていきます。通常、導入部分があり、そのあとに背景説明の段落が続き、自身の研究や論考の詳細を述べたあと、最終的に「結論」という構成が一般的なものとなっています。

　各段落は独立していながらも、全体を構成するための機能をもっています。このような、ある考えの・ま・と・ま・りから次のある考えの・ま・と・ま・りへと移行する際には、サブヘディングを作成することをおすすめします。これによって読者は、新しいトピックや論点がはじまると認識できますし、内容をより効率的に整理して、理解する手助けとします。

　サブヘディングは、あなた自身にとっても有益です。自分の考えや論点を整理し、全体の構造をより明確に捉えることができるからです。自らの思考を段落のなかにばらまくのではなく、サブヘディングで境界を設ければ、整理された論述が可能になります。

誇大な主張を避ける

「古代から人類は……」というフレーズで文章をはじめる学生を何度も見かけましたが、このように誇張された表現は読者に不信感を与えることになります。「太古の昔から」や「誰もが知っているように……」といったフレーズは根拠の曖昧さを感じさせますし、読者があなたの主張を疑いはじめる要因ともなります。

例えば、「歴史が示しているように……」という一般的なフレーズも、そのままでは信頼性に欠けます。必ずしも歴史が一つの結論に収束しているわけではありませんし、逆の事例を示すことも少なくありません。ですから、主張する際には根拠をしっかりと示して、誇大表現は避けるようにしましょう。

私が博士課程に在籍していた時の指導教官（イギリス人の教授）が、「**銅製の鍋が丈夫で長持ちであるように、議論をもっと頑強で、信頼できる根拠があるものにせよ**」と言っていたことを思い出しました。

周りの学生から「銅鍋爺さん」と密かに呼ばれていたことはさておき、そのアドバイスがいかに重要なものであったのか、今ではよく理解できます。

誇大なフレーズは、主張を抽象的で、様々な解釈を誘うものにしてしまうという傾向があります。そうなると、あなたはほかの人から、思いもしないような攻撃を受けることになるでしょう。空虚な表現によってあなたの論文の信頼性が損なわれないように、鋭く、根拠のある主張を心がけてください。

辞書に書かれていることをそのまま引用しないように

論文において、「辞書はXを◯◯◯と定義している」といったフレーズは、できる限り避けるべきです。これは非常に陳腐であり、最も怠惰な表現となります。

あなたの論文が、用語の定義やその議論に特化した内容でない限り、辞書を引用するのは避けてください。もっと独創的で、魅力的な方法で概念や用語は定義できるはずです。陳腐な構造やフレーズに頼らず、読者にとって新鮮で、意欲を引きだす方法を心がけましょう。

論理的な流れを確保する

さて、次の文ですが、何が問題でしょうか?
「ピスタチオは私のお気に入りのハーゲンダッツのフレーバーですが、会社の財政状況は非常に不安定です」

お分かりですよね。前半と後半で話題が全く異なっており、論理的なつながりがありません。次に、歴史的な例を見てみましょう。
「文化大革命の間、毛沢東主席は西洋の知識人を中国社会から排除することに固執していましたが、大躍進は国全体にとって大惨事となりました」

毛沢東(1893〜1976)に関する話題ですが、前半と後半の文脈としてのつながりが薄いです。一貫した論理の流れが欠けている文章のため、読者は混乱してしまいます。

文章を書く際に難しいことの一つは、一貫した論理の流れを

維持することです（**原書コラム参照**）。文章と文章、段落と段落の間は、論理的な順序に従って考えがつながるように意識して構成しなければなりません。そうでないと読者は混乱してしまい、内容を理解する時に苦労をしてしまいます。

この問題を解決する方法は以下の三つとなります。

❶集中して校正する。校正の際、特に論理の流れに注意を払う。

❷友人に頼む。ほかの人に論文を読んでもらい、論理の整合性をチェックしてもらう。

❸逆から読み進める。テキストを後ろから読み直すことで論理的なつながりを確認する。また、誤字や脱字の発見もしやすい。

論理の流れを意識して、読者がストレスを感じることなく文章が理解できるようにしましょう。

原書コラム

論理的で整理された状態を保つために、ほかのツールが有効であると感じる人もいます。ソフトウェアを推奨する際に気をつけるべきことは、本書が出版されるころ（2016年の出版）には、それらのプログラムが時代とともにより新しく、より優れたプログラムに代わっているかもしれないということです。それを念頭に置いて、学生や学者が役立てられる現在の技術的なソリューションをいくつか紹介しましょう。

・DEVONthink（https://www.devontechnologies.com/apps/devonthink）は、ファイル、PDF、ウェブサイト、ノートを整理するのに役立つアプリです。

> ・Zotero（https://www.zotero.org/）は、主に引用作成ツールとして機能します。古いプログラムであるEndNoteのように、Zoteroは書籍や記事の引用を迅速に、適切な形式に変換します。ウェブページをキャプチャして保存する機能など、多くの追加機能も備えています。オンラインでの掲載が終了する可能性があるページも含まれます。
> ・EverNote（https://evernote.com/ja-jp）はZoteroの競合製品で、同様の機能を備えています。それは、「あなたの生活を整理する」と大胆に約束しています。個人的には、自分の生活を自分で整理するほうが好きですが、この仕事をテクノロジーに委託することを好む人もいるでしょう。

ひねりを加えた結論をつくりあげる

　読者は、少なくとも多少の驚きや洞察を含んだ主張を期待しています。もし、あなたが明らかなことだけを述べるのであれば、その論文を読む必要はありません。一例を挙げると、以下のようになります。

　ある科学者が何十年ものキャリアを費やして「ミミズの糞から光を取りだすことはできない」ことを証明したとしましょう。誰もが「そんなことは無理だ」と思っていたなかで、長年の研究の末、彼は「やはり無理だった」と結論づけました。この研究に、何の価値があるでしょうか？

　あなたの論文には、なにがしかの価値があってしかるべきです。結局は「通説が正しい」と結論づけることになったとしても、あなたが抱いた「問い」に関する新たな洞察を提供しまし

ょう。通説の正しい理由が、従来考えられていたものと異なるかもしれませんし、問題について、全く異なる視点を提供することができるかもしれません。**すでに知っていることをそのまま述べるだけの論文では、価値や新たな理解が提供できませんので、学位の取得には値しません。**

多くの人は、結論部分で主張を繰り返すだけとなっていますが、これでは議論を再確認するにとどまってしまいます。それ以上のことをする必要があります。読者に、あなたの議論が正しいと確信させ、さらなる納得を引きだしてもらう必要があるのです。そのための、代替のない唯一の方法を紹介しましょう。

それは、証拠のリストを作成することです。別のページや画面に、あなたの論文で使ったすべての証拠を箇条書きでリストアップしていくのです。そして、各証拠の強さに基づいて、それぞれに順位を付けていきます。

次に、この証拠を使って、どのようにして自分の結論に達したのかについてもう一度考えます。読者に対して、新たな視点や深い洞察をもたらす結論を提示するための材料として、この証拠リストを活用するのです。これをすれば、結論が単なる繰り返しではなく、深まった理解や新たな発見を含むものになるはずです。

次に、結論の冒頭は、二番目に強力なポイント、つまり二番目に説得力のある証拠からはじめます。結論の最初でそれについて詳しく議論し、読者に「なるほど！」と思わせる基盤をつくるのです。その後、ほかの証拠やポイントを思い出してもらいましょう。

繰り返しは必要ありませんが、各ポイントに何らかの形で触れてください。読者があなたの議論の流れに引きこまれ、納得していく様子をイメージしてください。各証拠がどのように論理の根拠となっているのかを説明し、結論に向けての準備を整えていくのです。

　そして、最も重要なことは、最後に強力な証拠で結論を締めくくることです。これを「**決定的な証拠**」、つまり犯人のDNAを特定するような決定打にするのです。最も強力なポイントで締めくくることで、あなたの結論を裏付けるだけの十分な理由を読者に示して説得するわけです。

　のちの章で研究方法についても触れますが、学問とは単なるレトリック（表現技法の修練）、つまり誰が最も説得力のある議論展開ができるのかと競うものではありません。

　学問とは、真実や真理の探究です。あなたの役割は、適切な問いを立て、その答えを誠実に探しだすことです。必ずしも「答え」が見つかるわけではありませんが、少なくとも誠実な調査研究と論理的推論を通して、読者を真実に近づけるように努力しなければなりません。

　イギリスでよく言われるように、「**最善を尽くしなさい（You give it your level best, as the Brits say.）**」ということです。失敗しても構いませんが、自分が正しいことを証明するために議論を展開するのではなく、研究に基づいた正当な根拠を示すのです。まずは誠実に研究活動を行い、あなたの問いに対する答えを見つけ、そのあとに、その答えを論理的かつ説得力のある方法で提示しましょう。

まとめ

　何よりもまず、学術的なテキストは明確、堅実であるべきです。しかし、そうでない場合が多くあります。テキストが曖昧だと、著者は自分の主張を理解していないのではないかと疑われ、言葉の背後に隠れているかのように感じてしまいます。

　それでは、本章で提案したツールやヒントを以下にまとめておきましょう。

- **コロンボの原則を使う**——最初の段落で、問いとその答えを明確に提示しましょう。これによって、読者もあなた自身も、主張している内容がはっきりと理解できるようになります。
- **驚きの要素を取り入れる**——誰もがすでに知っていることを伝えるのではなく、古い考えに新しい視点を付け加えましょう。
- **初めの段落に使える三つの公式を活用する。**
  - 公式1　最初の文章に問いを入れる。
  - 公式2　最初の文章に主張を入れる。
  - 公式3　一段落目または二段落目に魅力的なエピソードを入れ、そのあとに問いと主張を続ける。

　これらを活用する時、最初は紋切り型の文章になるでしょうが、自信がついてきたらより創作的な文章づくりへと移行していけばよいのです。

- サブヘディングを使って構造を整理する——これによって、自らの考えが整理しやすくなりますし、読者にとっても議論の流れが追いやすくなります。
- オーウェルのルールを柔軟な判断のもとで臨機応変に利用する——盲目的にすべてのルールに従うのではなく、必要な時にだけ用いるのです。
- バーテンダーの重荷を避けて、さっさと要点に入る——無駄な話は控え、すぐに本題へ進みましょう。

これらの基本を守ることで、あなたの考えは、まるで魔法のように、あなたの頭から読者の心へと自然に伝わるでしょう。この魔法の根本的な要素は「**明確さ**」にあります。

訳者コラム

インターセクショナリティと学びの多様性

インターセクショナリティは、性別や人種などの社会的カテゴリーが相互に影響しあい、個人の経験を形成するという考え方です。この視点は、多様な背景をもつ人々との学びを豊かにするカギとなります。異なる視点に触れることで自分の考えが深まり、新たな発見につながります。また、他者を理解するだけでなく、自分の立ち位置を見つめ直し、多様な要因が学びに影響を与えていることに気づくことも重要です。

多様な視点を積極的に取り入れることで学びや研究が深まり、キャリアにもよい影響を与えます。インターセクショナリティの視点を活かし、多様な対話を重ねることが、質の高い学びを実現するカギとなります。

第4章を読む前の学生との対話

ミホ　第3章を学んで、文章を書く時には明確さや簡潔さがいかに重要か、改めて気づきました。そして、無意識に複雑な文章を書いていたことにも気づけました。

ケニチ　文章は、シンプルで明確なほうが読者にとっては分かりやすいものです。練習を重ねて、不要な言葉を削ぎ落とし、内容を整理するという習慣を続ければさらに上達するでしょう。

ミホ　「オーウェルのルール」や「コロンボの原則」を試してみたら、文章がすっきりして、自分でも驚きました。

ケニチ　その調子です。書くスキルは、自分の考えを整理して他者に伝えるための強力なツールになります。

ユキカ　ところで先生、研究発表の日が近づいていて、その組み立てに悩んでいます。聴衆にうまく伝えられるかどうか心配です。

ケニチ　まずは、プレゼンの骨組みをしっかりとつくることが重要です。フック（聴衆を引きつける要素）を用意して、聴衆を引きこむ工夫をしてみましょう。

ユキカ　フックが大事なんですね。でも、途中で聴衆が話についてこなくなることが心配で……。

ケニチ　話のポイントを、要所要所ではっきりと伝えることが大切です。移行部分を明確にする、または、短い間を入れて、聴衆が内容を消化する時間をつくるというのも効果的です。

ユキカ　なるほど。では、結論はどのようにまとめればいいのでしょうか？

ケニチ　結論では、要約するだけでなく、研究の展望や新しい課題を提示して、聴衆に考える材料を提供するといいでしょう。

ユキカ　ありがとうございます！　早速、構成を見直してみます。

ケニチ先生　実際に話す練習を重ねれば、本番でも自信がもてるようになります。何か困ったら、いつでも相談に来てください。

第4章
話す方法

　ある日、あなたは教授から、特定の本や論文、またはなにがしかの学術的なテキストについて、「次の授業で発表するように」と言われました。それが理由でパニック状態となっています。仲間の前で恥をかくのが怖い。答えられない質問を教授がしてくるのではないかと不安に思っている。激しいパニック発作が起こりそうな気配がする。あるいは、それ以上の不安や恐れを感じているかもしれません。

　うーん……不快感でいっぱいでしょうね。深呼吸をして、気分を整えてください。そのような気持ちになってしまうのは、あなただけではありません。人前で話すことは、一般的に恐怖の一つとしてよく知られています。

　ここでは、その恐怖を和らげるための具体的なステップを紹介しますが、完全に取り除くことはできません。でも、少しくらいの緊張感は、むしろよいことなのです。その緊張感が、あなたのパフォーマンスを向上させる助けとなるからです。

　緊張感は、声に情熱を与え、努力にエネルギーを注ぎます。**よって、少しの恐怖は、パフォーマンスによい影響を与えるのです**。とはいえ、手に負えなくなった時には対処する必要があります。それに、たとえそうなったとしても大丈夫なように、そのような状況を乗り越える方法があります。あなたの能力を

最大限に引きだすための方法に集中しましょう。

本章でのアドバイスは、教室／授業での意見交換や話し合い、そしてプレゼンテーションだけでなく、学術的な、公の場でのスピーチの際にも適用が可能です。学問の道に進む場合は、定期的に、あるいはかなり頻繁にプレゼンテーションを行うことになります。

私は、プレゼン前のひどい不安感に苦しんだ多くの研究者を見てきましたが、最終的にはみんな、それを克服する方法を見つけだしています。彼らは、観客の前に立ってパフォーマンスを行うことを心から好きにはなれませんでしたが、成功するために必要とされたことはやり遂げています。

本章では、話すことにおける心理的な側面ではなく、あなたがプレゼンテーションを行うという任務に取り組むための型を提供し、その型にある様々なプロセスを円滑に実行するための方法を示していきます。**不安を感じても、ある決まった型さえもっていれば、多くのストレスを和らげることができるのです。**本章を読み進めれば、「頼り」になる何かが必ず見つかるはずです。

まずは、心理面におけるアドバイスを一つしておきましょう。話している間、誰にも見られないように何かを握ってみてください。演壇に立っているなら、手の中にゴムボールやビニール製の小物のようなものを隠して、それを強く握りしめてください。もしポケットがあれば、そこに入れておいてもいいでしょう。ちなみに私は、時々、スチール製の名刺入れを使っています。すべての緊張感を握る動作に集中させ、そのあとで手を緩

めると気持ちが楽になるのです。

　それでは本題です。本章では以下の二つのことを学びます。

❶どのような形式の学術発表であっても、心に留めておくべき二つの主な目標。

❷プレゼンテーションの内容を構想し、制作するための効果的な手法。

話すことの目標 ── 聴衆を引きこみ、啓発する

　プレゼンテーションの使命は、二つのシンプルな目標に集約されます。

　まずは、聴衆を引きこむことです。話している間、全員の注意を最初から最後まで引きつけることを意味します。誰一人として、居眠りをしたり、落書きをすることは許されません。話を聞く相手が興味をもってくれるように、あなたの言葉に力を与える必要があります。

　第二は、聴衆を啓発することです。あなたのプレゼンテーションを通して、聞き手がなにがしかを学ぶこと、そして、それについての理解が深まる必要があります。

　プレゼンテーションの主目的が、あなたの意見やある問題に対する立場を表明することであったり、またはそれについて聞き手から支持を得ることであったとしても、聞き手がなにがしかの知識を得ることが重要となります。

　この二つの目標が達成できれば、ほかの話し手よりもはるかに成功していると言えます。

おそらく、大学や大学院で初めてプレゼンテーションを行う時には、特定の本や一連の読書に対する批評を求められるでしょう。その際には、前章で説明した論文を批評する方法が役に立ちます。

ここからは、教室でのプレゼンテーションに批評を取り入れる方法について説明していきますが、その前に、こうした読解スキルがプレゼンテーション以外の場面でも役立つことをふまえておいてください。

教室での意見交換や話し合いにおいても、これらのスキルは有益です。たいていの場合、ほかの誰かが口火を切って著者の主張を説明します。もし、誰もしなければ、あなたが名乗り出て、著者の意図を要約するチャンスにしましょう。

著者の主な主張がどのようなものであるかがはっきりすれば、通常の場合、意見交換や話し合いは、その主張の強さや弱さ、そのほかのマイナーな論点の評価へと進みます。

授業の場などでの意見交換や話し合いは、考え方の理解を深めるための重要な機会であり、**教授によい印象を与えるための貴重な場ともなります**。この場と時間をうまく活用して、学術的な話をするためのスキルを磨くことが、今後の学びにおけるカギとなります。

意見交換や話し合いの戦術

プレゼンテーションの構成について話す前に、まずは教室での日常的な意見交換や話し合いにおけるアドバイスを提供しま

しょう。成績評価に直結する発表がないからといって、授業中に黙っているわけにはいきません。毎週課せられる本の読解と批評作業に、積極的に取り組む必要があります。

こうした意見交換や話し合いの目的は、テキストをより深く理解することです。授業を担当する教員が優れた意見交換や話し合いの支援者であれば、授業が終わるころには、著者の主張や正当性、さらにはその主張が大きな問題とどのように関連しているのかについて、より深い理解が得られるはずです。言ってみれば、これが**理想的な授業の姿**となります。

残念ながら、意見交換や話し合いがうまく進まないこともあります。しかし、それを改善するためのスキルも存在しています。

まず、授業ごとに、意見交換や話し合いに参加する必要があります。黙っていると、誰もあなたの意見に気づきません。そのため、自分なりの解釈を他者に伝えることが重要となります。第1章で紹介した「**読む方法**」がここでは役に立つでしょう。

とはいえ、参加するのが難しいと感じることもあるでしょう。特に、自己主張の強い人物が意見交換や話し合いを支配しようとする場合です。厄介な同級生はどの教室にも存在します。彼らはしばしば、耳障りな声で自己中心的に話し続け、ほかの人を圧倒しようとします。さらに彼らは、あなたの発言を途中で遮り、あなたの分析を軽んじ、時には教授に対しても、さりげなく批判的な態度をとることがあります。

もちろん、彼らに対して攻撃的な対応をするというのは賢明な方法ではありません。**しかし、彼らを論理的に打ち負かすこ**

とはできます。さらに、自分の発言に自信をもち、他者に流されないようにすることも重要となります。それでも状況が改善しない場合は、周囲の学生と協定を結んで、意見交換や話し合いを効果的に進めるために協力するといったことも一つの手段となります。

言うまでもなく、友人をつくるほうが敵をつくるよりもいいわけですが、大学や大学院で過ごす時間は、それをするだけで骨が折れることでしょう。でも、助けあえる仲間を見つけさえすれば、孤立することもなく、大変な時期を乗り越えることができます。

仮に、友情や仲間意識は重要ではないと感じる場合でも、自らのキャリア形成における長期的な影響を考えるべきです。将来、学問の世界に進んだ時、今の同級生が、あなたが目指す大学や研究機関の採用委員会やジャーナルの審査委員として存在する可能性があるのです。

審査するための諸々のやり取りは、完全に匿名で、公平であるべきですが、現実にはそうでないこともあります。ですから、今のうちに、**平和的で友好的な人間関係を幅広く築いておくことが賢明な方法となります。**

しかし、繰り返しますが、時には授業中の意見交換や話し合いを一人で支配しようとする人物が現れるものです。こうした人物は、頻繁に口を挟み、ほかの学生の意見を軽んじたり、教授にすら無遠慮な態度をとることがあります。そのような場合、前述したように、やはり友達と協定を結んで、意見交換や話し合いの場をうまく取り戻す必要があります。仲間を見つけて協

力しあい、お互いのコメントで励ましあい、発言のバトンを渡せば、その場を円滑に進めることができます。

例えば、以下のような意見交換や話し合いのやり取りが考えられます。

あなた　著者の論文における主な欠陥の一つは、彼が前提としていることで……。

（その時、厄介者のAさんが割りこむ）

Aさん　実際、そのコメントがどこに向かっているのか分かりません。私が思うに、なんとかかんとか……。

（ここで、適切なタイミングを計りつつ、あなたが冷静に反応します。）

あなた　Aさんの意見も興味深いですが、やはり我々が本当に注目すべきは（ここに、鋭い観察事実を挿入する）だと思います。実際、Bさん（親切で内気な友人）、Cさんと私は先ほど話し、（ここに、鋭いコメントを挿入する）について議論していました。Bさん、さっき言っていたことを詳しく説明してもらえますか？

Bさん　はい、分かりました。私のポイントは……（と発言し、続いて）興味深いことに、Dさん（超賢くて、礼儀正しい友人）は別の解釈をもっていました。Dさん、F教授の背景と、それが彼の分析にどのような影響を与えたのかについて何を言っていたのか、教えてくれませんか？

Dさん　了解しました。私は、F教授が幼少期において、父親から麻袋に入れられて殴られたという経験が、彼の男性権威

者の表現に影響を与えたのではないかと考えていました。

　このように、友人と協力して意見交換や話し合いの進行をコントロールし、厄介な人物を、礼儀正しく、丁重に扱いつつも、自分たちの意見をしっかり表現できる環境をつくることが重要となります。

　こうすれば、あなたと友人たちは、Ａさんから意見交換や話し合いのための貴重な時間を取り戻すことができますし、発言のバトンを渡しあうことができます。

　もちろん、これをいつもやるわけにはいきませんし、Ａさん（または、ほかの誰か）の発言を完全に妨げるというのも公平ではありません。あなたや友人たちがＡさんを貶めたり、黙らせたりせずに、しっかりと尊重しながら状況をコントロールしなければなりません。そうすれば、さすがのＡさんも、意見交換や話し合いの場は支配できない、と気づくでしょう。

　いじめっ子は、より強く立ち向かわれると、すぐに崩れるものです。そして、この場合、いじめっ子を含めて、誰にとっても分かりやすい社会的な圧力となります。Ａさんだって、永遠に仲間外れのままではいたくないでしょう。もし、Ａさんが態度を改めたなら、心を開いて迎え入れてください。

　敵をつくるよりも、友人をつくるほうがよいのです。それに、いつかＡさんが、あなたの論文を審査する委員会のメンバーになるかもしれませんから。

　もう一つ、教室においてよくある状況についてお話ししておきましょう。

教授が課題図書の内容について鋭い質問をします。あなたは、ほかの人が自分の意見を述べるのを聞きながら、静かにその質問について考えます。そして、自分の考えがまとまり、発言する準備が整った瞬間、ほかの誰か（Ｅさん）が、まさにあなたが考えていたことを言ってしまうという時です。そうなると、意見交換や話し合いの焦点は次の質問に移ってしまい、あなたは、洞察に満ちた意見を述べる一度きりのチャンスを逃してしまうことになります。

ここで役立つのが、適切な言葉を選びと、それを使いこなす語彙力です。おそらく、先に発言したＥさんは、あなたが言おうとしていたことを完全に披露したわけではないでしょう。あなたには、そのポイントに少しのニュアンスを加えるほか、場合によっては、さらに深い洞察を提供することができるはずです。必要とされるのは、タイミングを見計らって発言することです。そのために役立つフレーズをいくつか紹介しましょう。
「Ｅさんが今話されたことに『便乗して』発言したいのですが……」と言って、自分の言葉でポイントを述べるのです。Ｅさんの意見に似ていることを認めつつ、わずかな違いを強調するわけです。

ほかにも、**「Ｅさんのコメントに『賛成です』。ただし、私が感じたことを『付け加えると』……」**や**「Ｇさんの意見に『触発され』ましたが、『別の視点』から見ると……」**といった言い回しを使えば、すでに発言された内容に自分の洞察を加えることができます。

このようにすれば、意見交換や話し合いのなかで自分の立場

を確保しつつ、他者の意見を尊重していることが示せます。

ほかにも、役立つ言葉として以下のようなものがあります。

・強調する（underscore）
・拡大する（amplify）
・修正する（modify）
・際立たせる（highlight）
・限定する（qualify）
・詳述する（elaborate on）

念のために言いますが、「繰り返す（reiterate）」という言葉だけは使わないでください。Ｅさんが言ったことを繰り返す意味はまったくありません。あなたの目的は、テキストの理解にさらなるニュアンスを引きだし、意見交換や話し合いの中身を豊かにすることです。

授業中での意見交換や話し合い、プレゼンテーション、研究のための学術書を読む時など、学校生活の全般を通して、あなたはそこで目にする、あるいは耳にするテキストを批評することになります。もちろん、学部生と大学院生に当てはまる作業となります。

学部生の場合、大人数が受講する講義では意見交換や話し合いの時間はあまりないと思いますが、たまには、大学院生のティーチング・アシスタントが主導する意見交換や話し合いのための時間が設けられる場合があるはずです。その大学院生たちは、おそらくあなたのレポートを採点することになるはずですから、これらの意見交換や話し合いに参加する重要性を過小評

価してはいけません。

意見交換や話し合いにおいてテキストを批評する能力が高ければ、教授に対してだけでなく、その時間帯を支援している大学院生、さらには同級生にもよい印象を与えることができます。

実は、それ以上に重要なことがあります。**学術的なテキストや発言を積極的に批評することであなたの脳が鍛えられ、誤った論理を見つけだすための感受性が鋭くなるのです。**これを繰り返せば、あなたの学習能力はより生産性の高いものになるはずです。

では、テキストを解剖して、批評する知識を活かして、どのようにすれば演壇上で輝くことができるのかについて考えてみましょう。

プレゼンテーションの作成

もし、教室におけるあなたのプレゼンテーションの具体的な目標が、著者の論文を批評しながら聴衆を引きこみ、啓発することになっている場合、そのためのプレゼンテーションをどのように作成すればよいでしょうか？ 以下では、プレゼンテーションをはじめるための作法を紹介していきます。

◁ 五つの反復的なステップ

「反復的」という言葉に注目してください。これは、プレゼンテーションの準備が整うまで、あるいは時間が尽きるまで、もしくは準備にうんざりして、こんなことをするぐらいなら、デ

ートの場で秘めた思い、例えば、ジャスティン・ビーバーのことが大好き（大ファン）であることを相手に告白するほうがマシだと思うまで、今から説明する五つのステップを繰り返すことを意味します。

いつものように、まずは各ステップの項目を示してから、それぞれを説明していきます。

ステップ1 自分の論点を定める。
ステップ2 すべてを書きだす。
ステップ3 一人でリハーサルを行う。
ステップ4 他人の前でリハーサルを行う。
ステップ5 フィードバック（感想、アドバイス、批判）を受ける。

この一連の取り組み（**フェーズ1**）のあと、他者からのフィードバックを取り入れたうえで同じステップを繰り返し、実行します。最初の反復段階（**フェーズ2**）は次のように進めます。

ステップ1 必要に応じて論点を再構築する。
ステップ2 全体を書き直し、誤りを修正する。
ステップ3 再度、一人でリハーサルを行う。
ステップ4 できれば、フェーズ1とは異なる他人の前で、再度リハーサルを行う。
ステップ5 新たなフィードバックを受ける。

このように反復すればプレゼンテーションの質が向上し、自信をもって本番に臨めるようになります。では、ここから各ステップの説明をしましょう。

フェーズ1の「**ステップ1**」では、何を主張するのかを明確に決めましょう。聴衆の前に立つ時には、必ず伝えたいメッセージや結論、調べたこと、研究を通じて明らかにしたことなどに基づく、述べたい主要なポイントが必要となります。

それを、一つの文にまとめるのが理想です。そうすることで主張が明確になり、聴衆にも伝わりやすくなります。力強い宣言的なオープニングにすれば、聴衆の注意を引きつけ、プレゼンテーション全体に彼らを引きこむことができます。

そして「**ステップ2**」で、プレゼンテーション全体を書きだしましょう。これによって、何を言うべきか、そして何を削るべきかの判断ができるようになります。また、プレゼンテーションに要する時間を調整できるようになることが非常に重要となります。

与えられた時間を大幅に超えてまで話すプレゼンターを好む人はいません。例えば、10分間で話すようにと求められた場合は、15分でも5分でもなく、指定された時間で話すことが重要なのです。

プレゼンテーションが短すぎると、言うべきことがないように見えますし、弱々しい印象を与えることになってしまいます。逆に長すぎると、聴衆を退屈させたり、いら立たせることになります。**時間を守るための唯一の方法は、リハーサル中に自分で時間を計りながら、声に出して練習することです。**

「**ステップ3**」では、プレゼンテーションを声に出して練習します。自分の発言を録音するというのもよい方法ですが、それよりも重要なことは、言葉を実際に出して慣れることです。

原稿をそのまま読みあげるというのは避けてください。準備されたテキストを抑揚なく読みあげられるほど退屈なものはありません。**聴衆は、即興で話しているかのように聞こえれば大いなる興味をもちます。**

もちろん、本当に即興で話すわけではありません。何を言うべきかをしっかり把握するために、プレゼンテーションを一度書きだし、リハーサルを行うのです。繰り返しますが、人前ではテキストを読みあげるべきではありませんし、そうする必要もありません。多くの人がやりがちなのですが、そうすると、聴衆のなかに居眠りをする人が出てくるでしょう。

これらのルールに関して例外となるのは、すでに熟練したプレゼンテーション能力をもっている人たちです。彼らは、その能力を完璧に身につけており、非常に滑らかに、努力することなく、自然に発表することができます。もし、あなたがそうであるならば、本章を読む必要はありません。しかし、そうでないというなら、私のアドバイスに従ってください。

プレゼンテーションを一人で練習し、すべての言葉を暗記しようとは思わないでください。言いたいことを大まかに把握して、それに基づくノートを作成しましょう。人前で使うのはそのノートであり、テキスト全体ではありません。

そして、そのノートに、キーワードやフレーズ、話の要点を箇条書きにしてまとめるのです。今が、それを作成する絶好の

タイミングです。一人で声に出してリハーサルを行い、プレゼンテーションが適切な時間内に収まるように調整したあと、それを実行しましょう。

ノートの準備を終えたら、リラックスして、数人のよき友人を集めましょう。ここで選ぶべき友人は、歯にブロッコリーが挟まっていたり、ズボンのジッパーが開いていたり、話の内容がまとまっていなかったりすれば、**率直に指摘してくれるという正直な友人です**。

「**ステップ4**」では、友人たちに向けてプレゼンテーションを行い、その間、彼らにメモを取ってもらうように依頼します。プレゼンテーションが終わったら、あなたの論点が何であったのか、どのような証拠を使ってそれを支持したのか、そして最も重要なこととして、「どの程度退屈した」のかを正直に指摘してもらいます。

また、友人たちが混乱した瞬間や、理解しづらかった部分についての意見や感想を求めましょう。これらのポイントに焦点を当てて、次回はより明確でシンプルな説明をするように心がけます。

「**ステップ5**」では、友人たちからのフィードバック内容をすべて検討し、それを書きだして注意深くチェックします。途中で、「書きだした紙を丸めてしまいたい」という衝動に駆られることもあるでしょう。

・友人たちは、本当に理解してくれなかったのか？
・彼らには、話を聞き分けるだけの能力がないのでは？

そんな友人たちを解雇して、新しい友人を探したいという気

持ちになるかもしれません。あなたが何を言おうとしているのか、努力することなく理解できるくらいの賢い人々を……。

もちろん、冗談ですが、それくらいフィードバックを素直に受け入れるというのは難しいことなのです。

しかし、話すことや書くことに関しては、非常に悲しい現実があります。それは、ほかの誰もが、あなたの頭の中にあることが分からない、ということです。

話すことと書くことにおけるあなたの役割は、ほかの人にあなたの考えを伝えるというガイド役になることです。そして、もし自分の考えをしっかり伝えるだけの自信がないのなら、まずはその考えを整理する必要があります。

この「**伝える**」という取り組みが、聴衆にとって、迷宮のように複雑なものになってはいけません。AからZまで、聴衆を導くための、明確で直線的な道筋をつくる必要があります。

また、ほかの人がどのように受け止めたのか、何を考えているのかを確認するまでは、伝えたことがどれほど伝わっているのかは分かりません。それゆえ、フィードバックを集めることが重要となります。

本番前にほかの人を対象としたリハーサルを避けて、「なんとかなる」と考えるのは賢明ではありません。実際の聴衆を前にして練習することが、あなたのプレゼンテーションがどれほど明確なものになっているのかを学ぶ最良の方法となります。

もちろん、あなたは、自分のプレゼンテーションのすべてが明瞭かつ明確なものと思うでしょう。すべて完全だ、と思うことでしょう。なぜなら、あなたは自分自身の頭の中におり、思

考の曲がりくねった道筋や断片的な考えの結びつき、そして時には、足の爪を切るタイミングといったごく平凡な思いつきに至るまで追いかけることができるからです。

しかし、ほかの人は、あなたの考えを同じように追えないのです。ここが、明確なコミュニケーションをとるうえにおいて最も難しい部分となります。それを達成する唯一の、そして信頼できる方法は、友人や愛する人にあなたの粗削りなリハーサルを聞いてもらい、彼らがどれだけ理解しているのかに細心の注意を払うために十分な時間を設けることです。

話すこと、書くこと、そして教えることも、実は「あなたが何を知っているのか」をテストするものではありません。そうではなく、**「あなたが知っていることをほかの人にどれだけうまく伝えられるか」**を試すものなのです。知識そのものは二次的なものです。最も重要なことは、**その知識を伝える能力**なのです。

もし、あなたが言おうとしていることをほかの人が理解できなければ、それはコミュニケーションの失敗を意味します。少し厳しく聞こえるかもしれませんが、私は優しさを提供するためではなく、役立つアドバイスを提供するためにこの本を書いています。ここに挙げた五つのステップは、プレゼンテーションの準備に取り組むための、構造的な実践方法なのです。

次に、プレゼンテーションの進め方についての戦術的なヒントをいくつか追加紹介していきます。これらは、聴衆を引きこみ、かつ啓発するという二つの主要な目標を達成するための方法となります。

強力なプレゼンテーションを行うために覚えておきたい四つの重要な要素

四つの要素を「HEFT」と呼びます。まずはそれぞれの要素を挙げ、そのあとで各要素について説明していきます。

H：Hook them at the start（冒頭で聴衆を引きこむ）
E：Enumerate your points（ポイントを列挙する）
F：Flag the transitions（移行部分を明確にする）
T：Conclude with a Twist（ひねりの効いた結論で締めくくる）

そして、プレゼンテーションが終わってほっとしたい時のために「Y」を付け加えましょう。

Y：Yodel（ヨーデルを歌って、乗り越えたことを祝おう）

それでは、これらの要素を順番に見ていきましょう。

H（冒頭で聴衆を引きこむ）

プレゼンテーションの冒頭をしっかりとつくりこむための時間をとってください。優れたプレゼンテーションは、よい文章と同じく、冒頭が聴衆の姿勢を形づくります。力強く、インパクトのある冒頭ではじめれば、退屈になりがちなプレゼンテーションの後半でも聴衆の注意を維持することが容易になります。

そのきっかけとして、トピックに関連した適切なエピソードを使えば大いなる効果が得られます。

ただし、それが効果を発揮するためには、聴衆のほとんどが知らないものでなければなりません。あまりにも広く知られている物語や引用からはじめるというのは避けたほうがいいでしょう。このような方法を取る人を何度も見てきましたが、たいていの場合、失敗に終わっていました。

エピソードがどの程度知られているかの確信がもてない場合は、練習段階で友人たちに試し、彼らの反応を見てください。また、**プレゼンテーションをジョークからはじめるというのも一つの方法となります。**

同じく、そのジョークを「聴衆のほとんどが知らず」、「本当に面白いもの」でなければなりません（これも、事前に試してください）。さらに、そのジョークは、「プレゼンテーションのトピックに関連している」必要があります。

ジョークを使うにあたっての三つの条件は厳しいものだと思いますが、すべてを満たすものが見つからない場合は、冒頭に入れないようにしてください。

いずれにしろ、冒頭での失敗は聴衆の興味を一気に失わせる可能性があるため、確実に成功する仕掛けを選ぶことが重要となります。

E（ポイントを列挙する）

冒頭に仕掛けを行ったあと、または適当な仕掛けがなかった場合であっても、これから述べるポイントを明確に列挙して、

聴衆に全体の構成を理解してもらう必要があります。例えば、次のように言ってみてください。
「今日は、以下の四つのことをお話しします」
❶著者の主な主張を要約します。
❷論文の基盤となる重要な前提を明らかにします。
❸著者がその主張の根拠として採用した、主な証拠を特定します。
❹論文の主な欠点を二つ説明して、批判します。

このようにポイントを列挙しながら進行する場合、それぞれのポイントを述べる時に指を一本ずつ立てると、聴衆の注意を引きつけられますし、プレゼンテーションに明確な構造があると強調することができます。もちろん聴衆は、次に述べられることが理解しやすくなりますし、必要な情報を聞き逃すことなく、メモが取りやすくなります。

プレゼンテーションが五つ以上の部分に分かれないようにすることも重要です。五つを超えると内容が散漫になり、聴衆が混乱しやすくなります。

一部の人が好んでいる箇条書きの資料を配布するという方法も、効果的なツールとして活用できます。聴衆に「私が主に伝えたいこと」を明確に示すために、適切なツールを選びましょう。プレゼンテーションで成功するためには、常に「**伝えたいことから逸れない**」という構成が大切となります。

ちなみに、認知言語学者のスティーブン・ピンカー（104ページ参照）は、サインポスティング（内容をリストアップする

行為)に反対しています。確かに、文章におけるサインポスティングは退屈で平坦なものになりがちです。

しかし、話す場合は書く時と異なります。多くの聴衆は、音声で聞いた内容を記憶するのが得意ではないため、**口頭での説明ではサインポスティングが有効となります**。物語を語る場合には不要かもしれませんが、学術的な内容の口頭説明においては、ポイントを列挙して明確に伝えることが聴衆に対しては親切となり、理解を助けることになります(原1)。

F (移行部分を明確にする)

話を進める際、移行部分を意識し、明確に示すことが重要となります。これによって聴衆は話の流れが追いやすくなりますし、要点を理解する助けともなります。

例えば、最初のポイントや段落が終わった時に、「ここで次の部分に移ります」とはっきりと言って、その内容を簡潔に述べましょう。また、「これから述べる論文がもつ、基本的であり、

(原1) 気づいたかもしれませんが、私は各章の冒頭でサインポスティングを行い、これから何をするつもりかを概説しています。通常、サインポスティングは文章を平坦にし、やや退屈な印象を与えてしまうことが多いのですが、本書は指導マニュアルです。その目的は、基本的なスキルを効率的に教えることにあります。したがって、学術的なエッセイや研究論文とは目的が異なっており、ここでは、サインポスティングが有益な役割を果たします。なぜなら、読者に学ぶべき内容を準備してもらうのに役立つからです。プレゼンテーションも同じで、サインポスティングは聴衆にとって大いに役立ちます。特に、話の流れを追いやすくし、要点を明確に理解してもらう助けとなります。しかし、学術論文を書く場合には、サインポスティングの代わりに、第1章の「書き方」で説明した、より効果的な方法を用いるべきでしょう。

かつ主要な前提について話します」と言えば、聴衆に次の段落に移ることが伝えられます。

このように移行を明示すれば、話の筋が追いやすくなり、もし誰かが途中で迷子になったとしても、再び引き戻すことができます。

ここで、数秒の間を取れば非常に効果的です。この間によって、聴衆は話された内容を処理し、次の段落に集中するための時間が得られます。話す側からすれば長く感じるかもしれませんが、実際にはそれほど長くありませんし、聴衆側からすれば、内容をしっかり理解するための大切な時間となります。

また、聴衆は、あなたの話の流れを追うのに苦労する場合があるため、移行部分をしっかりと示せば、彼らの手を取って、あなたの考えに適切に導き、誘うという役割も果たせます。移行時に、「さて、ここで少し右に曲がりますから、ついて来てください」といったような方向指示として使えば、聴衆をしっかりとプレゼンテーションの流れに乗せていけるのです。

T（ひねりの効いた結論で締めくくる）

結論は、プレゼンテーション全体の締めくくりとして非常に重要なものです。強力な印象を残すためには、単にこれまでの内容を繰り返すだけでなく、新しい視点や意外性を提供してください。ある作家が「**よい文章には驚きがある**」と言ったように、結論にちょっとした驚きを加えれば、聴衆の記憶に残りやすくなります。

また、これまで述べてきた考え方を総合し、それを発展させ

る形で新しい推論に導くというのも効果的です。

例えば、あなたの分析が、著者の論文に内在する深い問題点を示唆している可能性もあるのです。また、あなたの批評を通して、その分野全体におけるさらなる研究の必要性を明らかにすることもできます。さらには、あなたの結論が、著者がいかに卓越しているかを示し、ほかの作品との質の違いを際立たせることになるかもしれません。

どのような形であれ、結論では聴衆に新たな思考材料を提供し、彼らがプレゼンテーションを終えたあとでも考え続けるように仕向けましょう。このように聴衆を引きこみ、さらに啓発することができれば、プレゼンテーションは成功したと言えます。

とはいえ、あまりにも急いで「完了」と言い切ってしまうのは避けましょう。**結論は、聴衆の心に問いを残し、新たな議論の余地を与えるものであるべきです。**

マルチメディアを活用する

私は、昔ながらのやり方を恥じることなく続けています。よって、マルチメディアなるものはほとんど使っていません。大学院時代も同じでした。パワーポイント（パワポ）も、派手なビデオも、歌やダンスもなく、ただ立って話すだけでした。

このようなスタイルを、学生はどのように感じたのでしょうか？　なんと、学生たちはそれを気に入ってくれました。しっかり内容に焦点を当てた授業ができれば、素晴らしい成果を得

ることは決して難しくありません。

とはいえ、みなさんの多くは若い世代です（「若い世代」というフレーズを使いはじめたら、年を取った証拠となります）。パワポに夢中であることも承知しています。本当にパワポを手放すことができないのであれば、私は「パワポ同好会」へのご入会をおすすめします。噂によれば、12段階から成る、長くて退屈極まりない説明書を読む必要があるようですが。

さて、冗談はこれくらいにして、パワポがない時代を経験している私からの、ちょっと年季の入ったアドバイスは次のようなものです。

——困難な問題を考え抜き、トピックについて独創的で賢いことを言うために時間を使いましょう。そして、先ほど説明した五つのステップを用いて徹底的に練習したあと、ただそこに立って話すだけでいいのです。練習を重ねるほど上手くなり、より自信がついてくるはずです。

でも、まあ、**そろそろパワポの有効性を認めましょう**。確かに、視覚的な表現が有効な場合もあります。特に、チャートやグラフ、表、定量データに大きく依存する社会科学や自然科学の分野ではそうでしょう。また、プレゼンテーションが、短い映像や音響（音声）によって強化されることもあるでしょう。仮にそのような場合であれば、視聴覚メディアのリハーサルを何度も行うことを強くおすすめしたいです。

あまりにも多くの学生が、誰にも聞こえない音響や、意味の

分からない映像、あるいは複雑すぎたり、単純すぎたりして、印象に残らないスライドを使っています。視聴覚メディアを使用するのであれば、事前に友人に見せ、技術面におけるテストを行うことが重要となります。プレゼンテーションがスムーズに進行することを確認し、技術的なトラブルに苦しむことがないようにしましょう。

もう一つ重要な点は、**視聴覚メディアがプレゼンテーションに直接関係している必要がある**、ということです。多くの学生が、映画やYouTubeの面白いシーンを流して笑いを取ろうとしていますが、それが伝えたいポイントに関係していない場合が多いのです。

ジョークと同じく、視聴覚メディアも主要なポイントを強調するために使うべきです。そうでない場合は、使用しないほうがいいでしょう。

要するに、パワーポイントや視覚的な補助物（印刷物）は、関連性があり、焦点が絞られ、スムーズに使える場合にのみ役立つということです。そして、前述したように、スムーズに進めるためには、友人や知人などの模擬聴衆を前に練習することが不可欠となります。ぶっつけ本番で使うことだけは避けてください。

まとめ

教室でのプレゼンテーション、学会での発表、あるいは就職面接でのスピーチなど、どのような形式のプレゼンテーション

においてもあなたの目標は二つとなります。それは、**聴衆を引きこみ、啓発すること**です。

もちろん、両方を達成することが理想ですが、もし一つしか達成できないのであれば、「**啓発する**」ことを優先してください。学者たちは「退屈」というものに対してはある程度の耐性をもっていますが、内容が空っぽであることには耐えられないのです。

もし、「誰かを啓発するまでの考えがないのでは」と心配しているなら、深呼吸をして、あなたは、まだ大学での学びの真っただなかにいる、一種の訓練生という立場であることを思い出してください。あれこれと試行錯誤し、上手にプレゼンテーションを行っている人を観察しながら学んでいけばいいのです。

本当に優れたプレゼンテーションを聞いた時には、話された内容だけでなく、その発言の構成や話題の中心になっている論文などへの取り組み方にも注目し、メモを取りましょう。

また、第1章で紹介した「**読み方法**」のテクニックも思い出してください。そのテクニックは、著者の論文やその証拠を素早く理解するための手助けとなります。そして、読んだ内容を自分の言葉で書き換えているなら、論文の弱点についても考えるだけの準備が整っているはずです。

聴衆を引きこみ、啓発するためには、これまでに説明した五つの反復的な方法を使って練習しましょう。そのなかでも特に重要なことは、その練習に付き合ってくれる友人たちからのフィードバックです。それをふまえたうえで、以下に挙げるポイントを覚えておいてください。

・聴衆を引きこむための、強力な仕掛けを冒頭に置くこと。
・話す予定のポイントを列挙すること。
・話の区切りに入る際に、移行部分を明確に示すこと。
・論点を要約するだけでなく、何か新しい要素を追加し、プレゼンテーションをより大きな問題と関連づける結論で締めくくること。

明瞭な構造は、明確な思考を助けます。技術が向上するにつれて、それがどれほど大切なことかが明らかになり、驚くはずです。

| 訳者コラム |

学際的な研究とクリティカル・シンキング

学際的な研究は、異なる分野の視点や方法を統合し、新たな発見やアイデアを生む有効な手段です。理系と文系の視点を組み合わせることで、従来のアプローチでは見えなかった問題解決や洞察が得られます。

研究に行き詰まった際には、自身の専門分野を超えた学際的なアプローチが有効となります。例えば、社会科学の視点を理系のデータ分析に加えることで、結果の社会的影響を考察したり、哲学や倫理学を取り入れることで研究意義を深めることができます。つまり、異分野の研究者と協働することで新しい視点やアプローチが得られ、創造的な発想が促進されるということです。

学際的な研究は、単なる方法の融合に留まらず、クリティカルな思考を育むプロセスそのものです。異なる分野の視点を取り入れることで研究に新たな可能性が広がり、より創造的で多様な成果が期待できます。

第5章を読む前の学生との対話

ユキカ プレゼンテーションを無事に終えましたが、フィードバックで改善点がたくさんあると指摘されて、少し落ちこんでいます。

ケニチ たくさんのフィードバックをもらえたんですね。それは、成長のチャンスがやって来たということです。次は移行部分を明確にして、話の流れが分かりやすくなるように意識してください。

ユキカ 移行部分を意識するのがポイントですね。結論でも、新しい視点が加えられるように工夫したいです。

ケニチ その意気です。結論では、研究がほかの分野や社会全体にどのような影響を与えるのかについて考えると、聴衆に新たなインサイトを与えることができます。フィードバックを活かして、さらに自信をもって次回に挑みましょう！

タカシ 次の第5章では「行動する方法」について学ぶと聞きましたが、具体的にはどういうことを学ぶんですか？

ケニチ 例えば、教授やアドバイザーとの関係の築き方、批判の受け止め方、そして自分の印象管理などです。学問の実力だけでなく、行動のあり方が成功に大きく影響するからです。

ミホ 行動が成功に影響するというのは興味深いです。研究活動や人間関係において、具体的には何を意識すればいいのでしょうか？

ケニチ まず、教授との関係を「徒弟と職人」のように考えるといいでしょう。教えを請う姿勢をもちながら、自分の意見や疑問を伝えることが大切です。また、批判に関しては、自己成長の機会と捉えて冷静に受け止めることが重要となります。

ユキカ 確かに、研究や人間関係が充実することで学びの幅も広がりそうです。

ケニチ その通りです。第5章では、行動の仕方について具体的なアドバイスや実例を交えて解説されています。これを学べば、大学生活やキャリアに向けて大きな一歩が踏みだせるでしょう。

第5章
行動する方法

　耳にしたことがあるでしょうが、大学院生活では自尊心が打ちのめされてしまうことがあります。多くの人にとって大学院は、温かくて、居心地のよい気分になれる場所ではありません。ほとんどの人が、この事実に最初は戸惑うでしょう。なぜなら、彼らはこれまでの学業のなかで、常に賞賛されてきたからです。

　大学院生は、高校や学部時代に成績優秀者であったことが多く、教師や教授たちは彼らがいかに優秀であるかを、彼ら自身や周りの人に絶えず伝えてきました。しかし、大学院での最初の授業やセミナーなどに参加して周りを見わたすと、次のように感じてしまう人が多いのです。

「なんてことだ！　私はここで何をしているんだ？　みんな、あまりにも賢い。いったい、どうすれば自分の意見が言えるんだろうか？」（次ページの**原書コラム**参照）

　これは、大学院生活の初期における最も一般的な状況であり、当事者の反応です。このような経験はなかったと言える大学院生は、自己顕示欲が強く、とても嫌味なタイプの人か、本当に優秀で、それを自覚しているごく少数の人に限られます。しかし、実際には、そのような人たちはあなたが思っているよりもずっと少ないのです。

　多くの大学院生は、自分が優秀であるように見せようとプレ

> **原書コラム**
>
> 本章は、大学院生に向けたものとなっていますが、学部生もここでのアドバイスにピンと来たら、ぜひその通りに行動してみてください。すべての学部生も、教授との関係を築くことが、成績だけではなく、キャリアにとって重要であることを知っておくべきです。
>
> 本章を読んで、学部生としての状況に、ここでの情報がどのように適用できるのかについて考えてください。学部生であっても、対人スキルやプロフェッショナルな態度を磨くことは、将来、大きな価値をもたらします。教授との良好な関係は、進学やキャリア形成における推薦状を得るための重要な要素となりますし、さらには、学業外でのアドバイスや指導を受ける機会にもつながります。学部生のみなさんも、本章のアドバイスを活用して、大学生活やキャリアをより良いものにしてください。

ッシャーを感じているため、知的に見える自分像をつくりあげようとしています。そのため、彼らは一種の「偽善者」になってしまいます。

彼らは学術的な専門用語を多用し、優秀であると見えるような振る舞いをします。この現象も非常に一般的であり、心理学者たちは**ペテン師症候群**という名前さえ付けています。この症候群は、大学院生に限らず、自分の能力や専門知識を過小評価し、「自分は、本当にこの場にふさわしいのだろうか」と感じる人々に共通して見られるものです。

このような現象は、大学院の授業では特に滑稽に見えてしまいます。なぜなら、学生たちはみんな、ほかの学生が自分よりも多くのことを知っていると誤解しているからです。その結果、

各大学院生はさらに知的に見せようと、ほとんど何も知らないということが露見しないように議論を進めてしまうのです。

このような状況には二つの悲劇が待っています。一つ目は、偽善者が「**自分は詐欺師だ**」という感覚を抱き続けることです。これによって彼らは、自信をもって働く能力を大きく損なってしまうことになります。二つ目は、自分たちはまだ学者ではなく、学者になるための訓練を受けている身であることを忘れてしまうことです。このような誤解が、彼らの学問的な成長を妨げてしまいます。

自問してみてください。

――もし、あなたがすでに何をすべきかを知っているのであれば、なぜ大学院にいるのでしょうか？

そうです、みなさんは、学ぶためにここにいるのです。愚か者のように振る舞う必要も、見せかけの態度をとる必要もありません。何かについて知らない場合はWikipediaがありますし、理解できない概念があるなら、それを説明できる人を探しだせばいいのです。

見つかるまで諦めないでください。無知であること自体は恥ではありません。無知であることが晒されるのを怖がって、**無知のままで居続けることが恥なのです。**

もし、自己疑念に陥る瞬間（あるいは、何年もの間）があるのなら、ここで一つ、いいことを教えましょう。それは、多くの仲間も同じように感じているという事実です。ですから、リラックスして、少し瞑想的な呼吸[1]をしてみてください。そして、自分は大学院に入学したのだという事実を改めて受け入

れましょう。それに加えて、適切なスキルを身につければ修了し、学位が取得できる可能性が十分にあるという現実を理解してください。

瞑想的な呼吸法を心からおすすめしますが、それと同時に、より具体的で直接的な行動といったアドバイスも必要だろうと思います。前章までに、学部生や大学院生としてのスキルが向上するためのヒントを提供しました。これらのヒントは、あなたの「**分析的な脳**」を鍛えるためのメンタルエクササイズでしたが、本章では、「**感情的な脳**」の働きに焦点を当てていきたいと思います。

ここで提供するのは、大学院生活における非常に人間的な側面に関する現実的なアドバイスです。提供するアドバイスの多くは、他者からの見え方をコントロール（調整）することにかかわってきます。

この見え方ですが、その重要性を過小評価してはいけません。なぜなら、教授たちの前での振る舞いが、しばしば成績評価や研究資金の獲得、そして、さらなる先にある将来を左右するからです。待ち受けている現実は厳しいものですが、それを受け入れることが重要です。

アドバイザー（指導教員／教授）との関係

アドバイザーとは、大学院での研究活動を指導し、修士論文や博士論文の執筆を支援する教授のことです。大学院でのプログラムを選ぶ前に、候補となるアドバイザーに連絡をとり、彼

らがあなたと一緒に研究を進めることに前向きであるかどうかについて確認しておく必要があります。また、その教授のもとで研究している大学院生と、じかに話す機会がないかどうかを探ってみましょう。

　教授との研究活動の状況や関係性について確認しておくことが有益です。なぜなら、少なくとも1～2年、場合によっては何年にもわたってアドバイザーと密接にかかわることになるため、健全で建設的な関係を築いていく必要があるからです。

　もし、あなたが学者としての道を進もうと考えているなら、アドバイザーがもつ学術的なスキルを学び、彼らから指導されたいと思うはずです。そのためにも、アドバイザーが「あなたを指導したい」と感じるような関係を築く必要があります。

　また、たとえ研究者の道に進まないにしても、健全で建設的な関係を維持することが重要です。なぜなら、アドバイザーは、あなたが学部・学科での学びを、そして大学院を無事に修了するための手助けをしてくれ、有益となる本質を追究するための思考力のあり方を教えてくれるほか、就職活動の際には推薦状を書いてくれるかもしれないからです。

　多くの大学院生は、アドバイザーは親代わりのような存在であるべきだ、と考えています。つまり、優しくて面倒見がよく、自己犠牲の精神で学生を守り、キャリアを育み、落ちこんだ時には慰めてくれるような存在です。

　そう信じている学生たちは、「**正義は常に正しく強く、悪に**

（1）「マインドフルネス」、「ブレスワーク」とも言います。

必ず打ち勝つ。善は必ず悪に勝ち、努力は必ず報われる」と思っていることでしょう。しかし、残念なことですが、現実は異なる場合があるのです。

　ニュース速報が入りました！

　ほとんどのアドバイザー、つまりほとんどの指導教員／教授は、主に自分自身のキャリアを進めることに強い関心をもっています。もちろん、これが彼らの唯一の関心事というわけではありませんが、主な関心事であることはまちがいありません。

　すべての教授がそうだとは言いませんが、多くの教授がそのように行動しています。なかには、非常に幸運な大学院生もいて、健康面に気を配ってくれるほか、多くの時間を割いてくれるアドバイザーにめぐり会うこともあります。しかし、大半の大学院生は、「タイムリーで、役立つフィードバックやコメントをもらえたらラッキーだ！」と思うぐらいのほうがいいでしょう。

　アドバイザーの立場にある教授は、まず研究者としての訓練を受け、そのあとに教育者としての役割を担うことになりますが、その過程において、必ずしも指導力が身につくわけではありません。たとえ長年にわたって授業を担当していたとしても、「優れた指導者である」と言えない教授も存在しているのです。

　彼らは、常に学術研究に力を注ぎ、優れた授業を提供することを求められるだけではなく、残りの時間を学部・学科や研究科、大学全体の運営業務や雑務などに費やさなければならないのですが、多くの教授は、こうした事務的な役割には不向きなのです。

教授たちは、学科の小委員会でチョークやマーカーペンの購入について話し合ったあとに、次の教員評議会で学内のトイレに関する会議に出席するといった忙しいスケジュールに追われています。そんななか、約束した時間に教授の研究室を訪れて、あなたは自らの研究について話をしようとしました。ひょっとしたら、ちょうどその時が、教授自身の研究や学問的な仕事に集中しはじめていたところかもしれません。

さらに、**ほとんどの教授は、メンターとしての訓練を受けたという経験がありません**。そのため、彼らにそういう役割を期待しすぎると、失望することになるでしょう。

ここで、私からのアドバイスです。
――期待の中身を変えましょう。
期待の度合いを単に下げるという意味ではなく、性質の違うものにするということです。アドバイザーを、友人や上司、同僚、親のように考えるのではなく、有能な職人であると捉え直し、自分をその徒弟と考えるのです。

あなたの目標は、アドバイザーに依存しきって目標を達成することではなく、特定のスキルを学ぶことにあります。残念ながら、アドバイザーの職務記述書には、あなたを訓練することについての詳細が記載されていません。それゆえ、彼らに完璧な指導を期待するという考え方は避けるべきなのです。

アドバイザーとの関係を良好に保ちつつ、成功するためには、自己主導的な学習を重視し、学びの責任を自ら担うという姿勢が重要となります。

例えば、アドバイザーを名工のバイオリン製作者だと考えてみましょう。彼らのなかには、忍耐強く指導し、製作の工程を手取り足取り教えてくれる人もいるでしょうが、逆に、何の説明もせずに、ただ「つくるように」と指示するだけの人もいるはずです。

また、最終的にあなたがつくったバイオリンを見てもらう時、ある名工はまずその出来を称賛し、次に修正すべき点を優しく指摘してくれるでしょうが、別の名工は、ただ一瞥しただけで「価値がない」と判断し、あなたがつくった作品を粉々に壊してしまうかもしれません。その瞬間、バイオリンだけでなく、あなたの心も砕かれてしまうでしょう。

アカデミアの世界も同じです。大学院で指導にあたる教授たちは、非常に多様な指導スタイルをもっています。そのため、アドバイザーを選ぶ前に、できるだけ多くの情報を集める必要があります。

しかし、理想のアドバイザーを選べるとは限らないため、もし「バイオリンを壊す」ようなタイプのアドバイザーに出会ってしまった場合は、何とかして、最大限の学びを引きだす方法を見つけなければなりません。まずは、**期待の中身を変えることが最初のステップとなります。**

アドバイザーの得意分野を見極め、それを最大限に活用しましょう。もし、あるアドバイザーが指導の面で物足りないと感じた時には、自分自身が能動的な学習者となり、指導を待つのではなく、自ら学びを進めるのです。本書の目的も、そうした方向に進むための基本的なサポートを提供することにあります。

アドバイザーが優れた出版実績をもっているなら、その論文や著作を徹底的に研究し、何がそれを特徴づけているのかを見極めましょう。単に論文の主張を把握するだけではなく、論文がどのように発展してきたのか、アドバイザーがどのように論証を展開しているのかについて深く掘り下げながら調べ、学び取るのです。

もし、アドバイザーが自分の研究や業績について話すのが好きであれば、その時間を最大限に活用し、聞きだしましょう。アドバイザーが話す詳細を書き留め、真剣に学びたいという姿勢を見せれば、あなたに対する好意的な印象が高まります。ただし、あくまでも真摯な姿勢で臨み、媚びるような態度は避けてください。

教室での指導が優れているアドバイザーの場合は、授業の構成方法や問いへの答え方、視聴覚メディアの使い方などを学びましょう。彼らの技術を詳細に観察し、それを自分の学びに活かすのです。そして、注意深い観察に基づいた具体的な問いをもって接すれば、より多くの時間を割いてくれるかもしれません。要するに、**ただ単に優れたメンターシップを期待するのではなく、自らが主導権をもって学びに取り組むというスタイルを確立する**のです。

大学院での学びは自分次第であると強調したわけですが、もう一つ重要な点を明確にしておく必要があります。それは、ある概念について理解できない場合に、自分の知識不足や能力不足だと信じてしまうといった状態です。これこそが大きな誤解です。

もし、あなたが理解できないと感じる場合、その責任は必ずしもあなたにあるわけではありません。むしろそれは、指導教員や教授が効果的な説明をしなかったことに起因している可能性が高いのです。多くの指導教員や教授は、異なる学び方をする学生に対して、柔軟に対応できるだけの指導方法をもっていません。彼らにとっては、理解できない責任を学生に押し付けるほうが楽なのです。

　もし、彼ら自身にその責任があると認識しているのなら、きっとより多くの時間を割いて代替の説明方法を考えたはずです。とはいえ、多くのアドバイザーは常に時間に追われており、十分な時間を割くことが難しいというのが現実です。そのため、彼らにすべての責任があると考えるのはまちがいです。

　それでも、自分を責めるのはやめましょう。アドバイザーやほかの教授が理解しやすい方法で説明できなかった場合は、ほかの方法を探せばいいのです。アドバイザーやほかの教授が適切に教えることができない、またはその努力をしない場合は、ほかに助けを求めるというのが正しい行動となります。

　助けを求める相手は、ほかの大学院生や学部・学科内、あるいは研究科内の別の教授、ほかの大学教授でも構いません。オンラインリソースや学術的な人的ネットワークも利用できます。**重要なのは、どこにでも助けを求めるという姿勢**です。

　このように、アドバイザーやほかの教授に頼ることが重要なわけですが、それだけでは不十分な場合もあります。大学院は、自らが学びに向かう場所であり、ほかの人の助けを借りながら自分自身を育てる場でもあるからです。

批判に対処するための心構え

　大学院生活において、そして、その後も長く続くかもしれない研究者としての、あるいは関連業界・業種でのキャリアのなかで、あなたの考え方や研究は教授や仲間から継続的に批評されことになります。このプロセスで重要なのは、批判を個人攻撃と捉えないことです。批判は、あなたの成長のために必要なフィードバックであり、批判を受けること自体がスキルを磨く機会となります。

　自尊心を切り離すことが、学びのプロセスを健全に進める際の秘訣となります。ここでの重要なポイントは、自分の考えを擁護する際、極端な守りの姿勢をとらないことです。あまりにも防御的な態度をとると、他者に脆弱性を示すことになってしまいますし、議論の場ではさらに激しい攻撃を受けることになります。

　それでは、批判を受ける際の対処法について、いくつかのヒントを紹介していきましょう。

❶ **賢明にうなずき、微笑んで返答する**——批判を受けている間、冷静さを保つことが大切です。批判する人が意見を述べている間は表情に気を配り、穏やかにうなずいたり、微笑んだりしながら相手の話に耳を傾けましょう。こうすれば、防御的ではなく、相手の意見を受け入れる姿勢があると示せます。

❷ **メモをとる**——批判を聞く際には、相手の言っている内容を冷静に分析し、必要に応じてメモをとるとよいでしょう。そ

のメモに、相手のコメントの核心部分やキーワードを書き留めておけば、あとで見直せますし、自分の考えを整理する助けともなります。

❸**ボディーランゲージを活用する**――ボディーランゲージは、非言語的なコミュニケーションとして非常に有効です。適切なタイミングでうなずいたり、ちょっとした相槌を打ったりして、話をしっかり聞いていると相手に示しましょう。こうすれば対話がスムーズになり、前向きに批判を受け入れているという姿勢が示せます。

❹**考える時間をとる**――批判を受けたあと、すぐに返答する必要はありません。数秒間の沈黙はまったく問題ありません。むしろ、相手の意見を深く考えていることを示すよい機会となります。しばらくの間、目を閉じたり、遠くを見つめたりしながら考えをまとめましょう。その後、微笑んで、落ち着いた口調で返答すると、冷静かつ成熟した態度が相手に伝わります。

批判に対して適切に対処することは、大学院における成功だけでなく、今後のキャリアにおいても非常に重要なスキルとなります。批判を受け入れ、それを自己成長のために活用することができれば、学問的な力はさらに高まるはずです。

批判を受ける際には、最初に批評をしてくれた人の洞察ぶりを賞賛することが大切となります。もし、批評者が有効な指摘をした場合は、そのポイントを素直に認め、次のように表現するとよいでしょう。

「Xについては、あなたが正しいかもしれません」や「Yに関しては強いポイントですね」といった具合です。このように言えば、礼儀正しさとオープンな態度を示すことができます。

そのあと、自分の立場をどのようにするのかについて決定を下します。以下に、いくつかの選択肢を示しておきます。

❶**全面的な敗北を認める**――自分の立場全体が支持できないことを認め、絶望に打ちひしがれるという手もありますが、これはおすすめできません。ゼラチン状の塊に崩れ落ちるような精神的な崩壊は、学問の場ではあまりよい結果を生みません。

❷**部分的に批判を受け入れる**――批判が部分的に正しいと認めつつも、それがあなたの主張全体に対して二次的な問題であることを指摘します。多くの場合、批評者は、主張の中心ではなく周辺的な問題に焦点を当ててきます。これに惑わされず、その批評が主張全体にどの程度の影響を与えるのかについて冷静に判断しましょう。

もし、その批評が二次的なものであれば、それを認めたうえで、議論を再び主張の中心に戻すように努めます。

❸**批判を概ね受け入れ、議論を深める**――もし、批評者が、あなたが主張する内容の「核心的な問題」に焦点を当てているなら、それを認めつつ、その批評が議論を深める機会となったことに感謝しましょう。その後、その問題についてさらに詳しく議論し、自分の解釈や評価が正しい理由を説明します。

この時、問題の複雑さを同時に認めれば、議論をより魅力的なものにすることができます。もちろん、批判によってあ

なたの主張が完全に覆されてしまった場合は、その立場を放棄する必要に迫られるかもしれませんが、そのようなことも、学びの一過程として受け入れましょう。

批判に直面するというのは学問の一部です。時には、自分の主張が覆されることもありますが、それもまた成長のプロセスです。アメリカのドラマ『The Wire』[2]のキャラクターである「オマー」が言うように、「それもゲームのうち」なのです。**批判を恐れず、受け入れ、次のステップに進むといった姿勢が学問の世界での成功につながるのです。**

批判を受けることは、学問のプロセスにおいては避けられないものです。しかし、その批判を個人的なものとして受け取らないことが肝要です。あなたが大学院で学んでいるのは、学問の技術を磨くためであり、批判を受けることもスキル向上の一環となります。

批判に対しては、常に礼儀正しく応答することを心がけましょう。たとえ辛辣な批判であっても、それがあなたの研究活動をどのように改善することになるのかに焦点を当ててください。

批判する側の人の意図が何であれ、すべてが向上を助けるものだと捉えることが大切です。もちろん、批判を受けて落ちこんだり、気持ちが折れたりすることもあるでしょうが、そう感じてしまうのは、あなたの自己顕示欲が反応しているということです。「褒められたい」という欲求を叫んでいるのだ、と理解しましょう。それに、褒められることを望んでいるとしても、それが必要なものとは限りません。

もし、**本当に優れた大学院生になりたいのであれば、自己顕示欲を乗り越え、批判の裏にある改善のメッセージに耳を傾けるべきです**。そのメッセージはいつも同じです。
「あなたの研究には改善すべき点がある」
　この言葉は、あなた自身の人格に欠点があるという意味ではありません。批判は、特定の時点における、特定の作品に対するフィードバックにすぎないのです。
　したがって、批判を受けた時は、それを成長の機会と捉え、何を改善すべきかを冷静に見極め、すぐに行動に移しましょう。時間は限られています。傷ついた自己顕示欲を癒すことに時間を費やしてしまうと、学位を取得するためにさらなる時間が必要となります。

印象管理

　大学院における生活では、アドバイザーやほかの教授に与えるあなたの印象が重要となります。例えば、ある学生が、初日の授業において、講義を受ける代わりに「みんなでソフトボールをしたい」と提案したことがありました。このような態度は、真剣さを欠いているという印象をアドバイザーに与えてしまい、学位取得に悪影響が出てしまう可能性があります。もちろん、

（2）　アメリカの放送局HBOにおいて、2002年から2008年にかけて放送されたテレビドラマです。メリーランド州のボルチモアを舞台に、警察と麻薬取引、人種問題、港湾管理、教育、政治、犯罪など、アメリカの都市が抱える諸問題を描いていました。

これは極端な例ですが、学問における自分の立場を損なわないためには、真剣さをもって行動する必要があります。

ここで注意したいのは、「**知識人を装う必要はない**」ということです。むしろ、学ぶことに専念している真剣な大学院生として振る舞うべきです。知っているふりをするのではなく、素直に学びを受け入れる姿勢が重要なのです。

以下において、あなたの真剣さを示すための具体的な方法をいくつか紹介します。

❶**適切な服装を心がける**──もし、あなたが職人の徒弟であるなら、徒弟生活を真剣に受け止めるべきです。まず、大学での服装に注意を払いましょう。服装は、あなたの態度と真剣さを反映する重要な要素となります。

教室の中にいる人々の服装からヒントを得るとよいでしょう。例えば、教授がネクタイをしており、ほかの学生がカジュアルな服装をしている場合、あなたがネクタイを締めていると不自然に見えるかもしれません。とはいえ、ショートパンツやTシャツといった極端にカジュアルな服装では、学術的な場にふさわしくない印象を与えることがあります。したがって、その中間を見つけ、プロフェッショナルかつ適切な服装を心がけるようにしてください。

❷**課題は早めに提出し、遅れないようにする**──大学院では、締め切りに遅れてしまうと非常に悪い印象を与えます。もちろん、時には延長が必要な場合もありますが、それが習慣になってはいけません。反対に、早めに課題を提出し、それが明確で、

思慮深いものであれば、賢明で有能な学生と評価されます。

　この点でいえば、整理整頓が得意な人は大きなアドバンテージをもっていることになります。もし、整理整頓が苦手な場合は、大学院在学中にその習慣を身につけることが重要です。先延ばしにする癖があるなら、助けを求めることも考えましょう。ただし、締め切りに追われているような時、優秀な友人やパートナー（夫や妻、恋人など）からの助けがあったとしても、それに頼りすぎてはいけません。計画的に進めることが、最終的には学位取得への近道となります。

❸**前向きな姿勢を保つ**——もし、まだデール・カーネギー（Dale Breckenridge Carnegie, 1888〜1955）の名著『**人を動かす**』[原1]を読んでいないのなら、ぜひ手に入れて読んでください。この本は、感情的な反応を管理するための基本的なヒントを提供していますので、大学院での人間関係にも役立ちます。

　消極的、あるいは後ろ向きとされる態度は、恋愛関係や職業的な関係でも大きな障害となります。大学院の生活では打ちのめされるような経験もするでしょうが、消極的、あるいは後ろ向きの態度を教授に見せるというのは避けるべきです。愚痴を言いたい時は、大学外の友人や家族にお願いするほうがいいでしょう。

　もちろん、教授にしか解決できない問題がある場合は適切に

(原1)　デール・カーネギー『人を動かす』（改訂文庫版）（山口博訳、創元社、2023年）の初版は1936年です。また、重要な補完として、スーザン・ケイン『内向型人間のすごい力　静かな人が世界を変える』（古草秀子訳、講談社、2015年）も読むべきです。

対処する必要があります。その場合でも、前向きな方法で実践してください。

ここで言っているのは、日常的な失望や挫折に対してどのように対処するかという話です。いかに困難な時でも、できるだけポジティブな態度を保ち、アドバイザーによい印象を与える必要があります。

❹**プロフェッショナルな境界を保つ**――時々、大学院生は、教授と友達になりたいと思うことがあるようです。しかし、その結果、時には過剰に情報を共有してしまうことがあります。自分の私生活について詳しく話すというのは、一般的に言って好ましくありません。

例えば、教授から「週末はどうだった？」と尋ねられた時には、面白い本を読んだことなど、前向きで無難な話題を選ぶようにしましょう。酔っぱらった話や恋愛についてのエピソードは避けるべきです。この微妙なニュアンス、ご理解いただけたでしょうか？

また、言葉遣いにも気をつけましょう。もし、日常的に汚い言葉や粗野な表現を使う習慣があるのなら、それは友人との会話に限り、教授とのやり取りの場では避けるべきです。

もちろん、特定の教授との長い付き合いがある場合は、このようなルールが適用されないこともあるでしょう。しかし、関係を築きはじめたばかりの段階では、必ずこのような距離を保つように心掛けてください。

時には、教授のほうが境界を越えることもあります。例えば、教授の自宅の留守番や犬の散歩、乳幼児の世話、あるいはレス

トランの予約などを頼んでくることがあります。私の見解では、言うまでもなく不適切な行為ですが、時には、これらを完全に受け入れてしまう大学院生がいるようです。

こうした依頼は、大学院生にとって非常に気まずいジレンマを生むことになります。大学院生は教授との良好な関係を保ちたいと考えるわけですが、こうした雑務はプロフェッショナルな境界を曖昧にするだけでなく、ほかの大学院生に嫉妬心を芽生えさせてしまうことにもなります。

教授からこのような依頼をされた場合、私は丁寧に断ることをおすすめしたいです。このような例として、以下のような対話が考えられます。

A教授 Bさん、少し私の部屋で話をしたいんだが……。私が古代ローマ彫刻における男性らしさの表現についての会議に出席している間、自宅のことを少し見ておいてもらえると助かるんだけど……。

大学院生B A教授、私のことを思い出してくださり、そしてご自宅を任せていただけるほど信頼してくださっていることに感謝します。ただ、私には、学生と指導者の間に厳格な境界を保つという個人的なポリシーがあります。そのため、お引き受けすることができません。でも、適任者がいるかどうか、ちょっと考えてみます。

A教授 （少し動揺しながら）まあ、ただ植物に水をやるとか、ちょっとしたことを頼みたかっただけなんだ。それが「境界」の問題になるとは思わなかった。

大学院生B （にこやかな表情で、しかし確固たる態度で）おっしゃる通りです、A教授、お尋ねいただいたことは全く問題ありませんし、改めて、信頼してくださったことに感謝致します。誰か、適任者がいるかどうか考えてみます。そして、もし見つかれば、その方に直接メールで連絡するようにお願いしてみます。

このような対話のなかで最も重要なことは、自分の境界をしっかり守ることです。**たとえ「ノー」と言う必要があっても、それを感じよく、笑顔で伝えることが大切となります。** 教授からの要望に応じないという姿勢に気まずさを感じるかもしれませんが、それは一時的なものでしかありません。外交的でありながらも断固として対応すれば、教授からの尊敬を得ることもできるでしょう。

その結果、教授はあなたをベビーシッターとしてではなく、賢明で、独立した大学院生として見るようになるはずです。

庇護者を見つける

本当にあなたのことを気にかけてくれる教授を見つけることは、大学院での成功にとって非常に重要となります。なぜなら、時には悪い教授から守ってもらう必要があるからです。ここで、大学院時代における私のエピソードを一つ紹介しましょう。

最初の学期に取った授業を担当していた教授は、少し変わった性格の持ち主でした。ほかの学生たちは、彼を「変わり者の

ジョージ」と呼び、彼の厄介な癖について私に警告してくれました。その癖とは、自由に研究テーマを選ばせるものの、論文が完成したあとになって「テーマを変更するように」と強く主張するというものでした。

私は、我が身に降りかからないように完璧な計画を立てました。学期の初めに研究論文の提案書を書き、教授に目を通してもらい、そのテーマで進めることに同意してもらおうと考えたのです。

教授のオフィスで提案について話し合った際、彼は「そのテーマは妥当だと考えている」と言いました。そこで私は、「このテーマで書くことにあなたも同意したという証拠として、提案書にサインしていただけますか」と依頼しました。教授はためらうことなくサインをしました。これで、「私の論文は守られた」と思ったのです。

しかし、期末試験の1週間前のことです。

私は論文を予定より早く完成させて、教授のオフィスに提出しました。すると教授は、私の論文を見て、「全く別のテーマで書いたほうがいいと思う」と言いはじめたのです。この瞬間、私は警告されていたことが現実になったと感じましたが、彼が以前の約束を無視するとは思っていませんでした。

私は混乱し、「でも、あなたはこのテーマに署名をしてくださいましたよね」と言いながら、サイン入りの提案書をリュックから取り出そうとしました。しかし教授は、「ああ、署名はしたけど、今は別のテーマのほうがいいと思う」と言って、私の行動を手を振って制止したのです。

完全に行き詰まりました。期末に向けて、ほかにもたくさんの論文を書かなければならず、テーマを変更する余裕などありませんでした。そこで私は、お気に入りの教授、通称「チョー厳格教授」に相談することにしました。彼は率直で、無駄なことを言わないという教授で、様々な物事に対して厳しく伝えることを得意としていました。

チョー厳格教授にこの出来事を話し、署名入りの合意書について私は説明しました。彼はしばらくの間、痛々しい沈黙のなかで私を見つめたあと、笑いだしました。

「外交史をこれまでずっと勉強してきた君は、署名された合意書に何らかの価値があるとまだ思っているのか？」

この瞬間、私は自分の甘さに気づき、恥ずかしさが襲ってきました。チョー厳格教授がさらに続けて説明しました。

彼は机の上から1枚の紙を拾いあげ、それを振りかざしました。その光景は、ネヴィル・チェンバレン（Arthur Neville Chamberlain, 1869〜1940）がヒトラー（Adolf Hitler, 1889〜1945）とのミュンヘン協定に署名したあとの様子を再現しているかのようでした。

「それで君は、『我が世の平和』が得られたと思ったのか？」と、皮肉を込めて問いかけてきました。

いつもの調子が戻ってきたようで、突然、私に質問を投げかけてきたのです。これまでも、時折、彼の講義中において数百人の前で何の前触れもなく質問をされ、その場で答えなければならないという状況に立たされましたが、幸いなことに今回は、私たち二人だけでした。

チョー厳格教授 平和条約とは何だ？

私 ええっと……何ですか？

（と、私は戸惑いながら答えました。）

チョー厳格教授 平和条約とは何だ？

（今度は、より強い口調で、緊迫感をもって繰り返しました。）

私 ええっと……それは、対立している勢力間で敵対行為を停止するための合意ですか？

チョー厳格教授 違う！　平和条約とは、地上における力関係の反映にすぎない。そして、もし一方がそれを破る力をもっていれば、そうするだろう。

（彼は、それを理解させたあと、さらに続けました。）

チョー厳格教授 君は、「変わり者のジョージ」が何かに署名するだけでその言葉を守ると思ったのか？　なぜ、彼がそれを守ると思うんだ？　君には、彼をその約束に従わせる力があるのか？　もし、彼が約束を守らなかった場合、君はどうするつもりだったんだ？

この瞬間、私は自分の甘さに打ちのめされました。「変わり者のジョージ」が独特な性格であることを分かっていたにもかかわらず、約束を守らない可能性をまったく考慮していなかったのです。要するに私は、バックアッププランをもっていなかったということです。

チョー厳格教授 君に何ができる？　上司に訴えるのか？　誰に？　学科長か？　学科長が気にすると思うか？　学科長に、

長老で終身在職権をもつ「変わり者のジョージ」に何かをさせる力があると思っているのか？　それとも、大学院生組合に訴えるか？　その場合、どうなると思う？　たとえ、彼らがどうにかして彼に約束を守らせたとしても、君はトラブルメーカーとして、扱いにくい学生という評判が立ち、もう誰も、君と一緒に仕事をしたいとは思わないだろう。

　これらの指摘は、私が考えてもいなかったことばかりでしたが、すべて的確なものでした。チョー厳格教授は身を乗りだし、声を低くして言いました。

チョー厳格教授　この状況では、彼が力をもっている。君にはそれがない。そして、彼はそのことを知っている。

　チョー厳格教授は正しかったのです。私はよい選択肢をもっていませんでした。抗議すれば、容易に事態を悪化させる可能性がありました。「変わり者のジョージ」は悪い人間ではなく、ただの「変わり者」だったのです。
　これが、性的嫌がらせや、重大な権力の乱用であれば、ほかの学生も何らかの対応策をとっていたはずです。しかし、この場合、彼の行動はせいぜい多大な不便さや重大なストレスを生じさせるだけで、犯罪ではありません。私が過剰に不満を言いすぎれば、単に愚痴っぽい人間に思われるだけです。そうなると、もう誰も、愚痴っぽい人間とは一緒に仕事をしたいとは思わないでしょう。

そのあと、チョー厳格教授は椅子にもたれながら解決策を示してくれました。

チョー厳格教授 君には、私の授業で提出期限が迫っている大きな研究論文があるだろう。それを未完成のままにしていいので、今は「変わり者のジョージ」が求めているものを提供することに集中し、できることなら、二度と彼の授業を取らないようにしなさい。

私は思わず笑ってしまいました。チョー厳格教授も、内心では笑っていたでしょう。たぶん彼は、こうも言ったと思います。
「さあ、もう行きなさい。もう十分に納得できただろう？」

チョー厳格教授からの教訓は数多くありましたが、あなたにとって最も重要なことは次のとおりです。
——できるだけ冷静に、そして客観的に力関係を評価し、よく分からない教授は可能な限り避け、庇護者を見つけ、そして、**人は約束を守るとは限らない**、と考えることです。
　幸いなことに、多くの場合、教授らは約束を守るでしょう。しかし、時には、あなたを裏切ることもあります。その時は自問するべきです。
「本当に、その人が悪い人なのか、それとも彼の行動は別の原理から来ているのか？」と。
　これは、いかなる対立においても重要な問いとなります。
　相手の行動の原理は何か？　悪意から、つまりあなたを苦し

めたいという病的な欲望から行動することは稀です。通常、それはもっと平凡なものであり、傲慢さ、鈍感さ、あるいは恐怖といったものです。この場合、「変わり者のジョージ」は自分の思い通りにすることに慣れていて、誰も彼を止めることができなかったのでしょう。

もし、十分な数の学生が団結して、正式に学科長に訴えていたら変化を起こせたかもしれません。そして、時には、それが正しい行動となります。

とはいえ、それにエネルギーを費やすだけの価値はあるでしょうか？　「変わり者のジョージ」のような人々は、おそらく私たちが悪い行動に対抗するだけのエネルギーをもっていないと考えています。実際のところ、その通りなのです。私たちはみんな自らの闘いを選ぶ必要はありますが、私の考えでは、この時は闘うだけの価値がなかったということです。

私は、数か月かけて作成した研究論文を破棄して、厳しい教訓を得たと受け止め、彼が求めているものを提供するほうが賢明だと考えました。でも、ほかの人は闘うことを選ぶかもしれません。それも、場合によっては合理的な選択でしょう。

しかし、問題は、これからも闘いが続くということです。とはいえ、比較的些細な対立に巻きこまれてエネルギーを消耗したり、評判を落としたり、学業から逸れてしまうという事態は避けたいものです。本当に重要な闘いのために、エネルギーとともによい評判を保っておきたいものです。

もし、教授や仲間からハラスメントを受けたり、あなたの論文を盗まれたり、実質的な害を与えられた時にこそ、より真剣

に行動を起こすべきです。そういったことが起こる可能性は非常に低いでしょうが、万が一、問題のある教授に遭遇した場合に備えて、庇護者を見つけておくとよいでしょう。

　教授たちとよい関係を築くために、彼らの出版物（論文や本）を読み、それについて話し合い、あなたが学問に対して真剣に取り組んでいること、そして感じのよい人間であることを示してください。

図書館での振る舞い

　（**お断り**・以下の内容は、図書館で作業する際の振る舞い方に関するアドバイスです。図書館を利用する必要がない場合はここを飛ばしてください。次章では、研究の方法について触れているほか、図書館での作業に関する段落を設けています。）

　歴史学以外の研究分野でも、図書館や電子図書アーカイブなどでの文献調査研究が必要とされています。実際、政治学者たちは、ますます理論的な主張を裏付ける事実を求めるようになっていますし、文学研究者たちは、有名な作家の個人文書を掘り下げることがよくあります。また、時には、人類学者、社会学者、行動経済学者、あるいは人間の行動を調査するあらゆる人びとが書き残したものの断片を探る必要に迫られますし、場合によってはそれが有益なこともあります。

　もし、あなたがそのような状況に置かれた場合は、先行研究を記した文献の調査が必要であると認識すべきです。そのためにも、知っておくべきことがいくつかあります。

研究者たちは、かつては印刷物でしか入手できなかった記録を学術情報リポジトリ(3)から利用するようになっています。最初の検索をオンラインで行えば、その結果をふまえて教授たちは、最良の文献コレクションにあなたを導いてくれるはずです。ここでは、先行研究の調査研究を図書館やオンラインの文献検索エンジンなどを使って行うためのノウハウに焦点をあてるつもりはありません。それに特化した書籍がありますので、そちらを参照してください。

　とはいえ、Wikipediaについては、ひと言だけ述べておきたいです。

　Wikipediaは、ある物事について理解し、深掘りするにはよい検索エンジンです。しかしながら、そこに書かれていることだけで、ある物事の探究を終えてしまわないようにしてください。**少なくとも私の授業では、Wikipediaは受け入れられるものとはなっていません。**

　Wikipediaは、あるトピックの基本的な事実を得るためには素晴らしいものだと思いますが、なかには、いい加減かつまちがった情報を、さも正しいものであるかのように記されている場合もありますので、くれぐれも注意してください。

　学問的な研究は、出版前に厳密に査読されるべきです。査読したからといって、決して完全なものにはなりませんが、それでも多くの場合、著者の誤りを取り除き、その主張を強化するよい機会を提供することになります。つまり、**Wikipediaよりも、学問的な研究の結果として公開されている出版物（論文や本）のほうが信頼性は高い**ということです。

ですから、Wikipediaではトピックに慣れる手助けをしてもらうだけにして、その後、学術文献を深く掘り下げるようにしましょう。もし、必要な記録がオンラインで入手できない場合は、古典的な方法、つまり家から遠く離れた図書館に出向く必要があります。

　図書館で作業する際に最も重要となる資質は何だと思いますか？　知性？　粘り強さ？　忍耐力？　ダニに対する免疫？　どれも重要で、確かに必要なものです。それに加えて、本当に必要とされるのは「**好奇心**」なのです。

　好奇心があれば、あなたが探しているものを手に入れる手助けを図書館がしてくれるはずです。そして、その情報を理解するために必要とされるのが「**知性**」です。これについても、優れた対人関係のスキルがあれば、重要な記録への扉を開くのは簡単となります。なぜなら、すべての扉には門番がいるからです。分かりますか？　あなたの任務は、最も貴重な文書を守っている司書たちと親しくなることです。

　その理由を説明する前に、まずはアクセス可能な文書にどのようにたどり着くのかについて説明しておきましょう。すべての図書館には所蔵物のリストがあり、その一部はオンラインで利用可能となっています。これらのカタログをめくり、有益と思われる文書のコレクションにチェックを入れていきます。

　最初は、その記録数に圧倒されるかもしれません。効率的に作業を進める唯一の方法は、図書館に入る前に自分の「**問い**」

（3）　日本では、https://irdb.nii.ac.jp/

を明確にしておくことです。

　次章では、たった8語以内［日本語の場合は30〜40字］でリサーチクエスチョン（研究課題）を作成する方法について説明しますが、この方法を使って、「問い」をもとに資料を選ぶようにしましょう。決して、逆にしてはいけません。

　ただし、このルールには重要な例外が一つだけあります。文献などの情報のなかで、当初の予定とは異なる方向にあなたを導いてしまう何かを発見してしまうかもしれないということです。それはそれで問題はありませんので、直感に従って、有益と思われる手がかりを追いかけてください。

　予期しない発見から、しばしばよい研究プロジェクトが生まれることがあります。最初は特定の「**問い**」を念頭に置いてはじめますが、記録を読み進めるうちに、関連する「**問い**」やそれらへの答えにつながる道筋を発見するかもしれません。その道を追いかけてみてください。もし、それが本当に有意義な情報を提供すると思えるのなら。

　しかし、最も重要な記録は、標準的なカタログには掲載されていないものです。そうです、そうなのです！　それは図書館の司書だけが知っていて、私たちだけでは見つけにくい存在となっているのです。仮に、カタログに掲載されており、リクエストをしても、なぜか利用できないことがあります。このような時、**あなたの社交スキルが高ければ大きな成果をもたらすことになります**。

　図書館の司書とおしゃべりをしましょう。彼らをよく知りましょう。彼らの経験から多くのことが学べますし、もしあなた

が本当に人間という存在に興味をもっているなら、それは楽しい経験になるはずです。

しかし、もしあなたが人文学に携わっていながら人間が嫌いだとか、あるいは社会科学を専攻しながら反社会的な気質があるなら、このような行為は少し難しいかもしれません。たとえそうであったとしても、そのような抵抗感を克服して、短い雑談のスキルを磨くことを私は強くおすすめしたいです。なぜなら、図書館の司書とつながりがもてれば、貴重な記録へのアクセス権が得られるかもしれないからです。

私は、ドイツで博士学位を取得するための研究をしていた時、様々な図書館で働く人々と知り合う時間をつくっていました。ある時、30分ほど司書のオフィスで話し合ったあと、オフィスから出ようとして、ドアのところで司書に感謝の意を伝えていると、司書が「ところで、ショアさん（私の名前）」と声をかけてきたので、私は振り返りました。

「あなたが興味をもつかもしれない文書が一つあります」
「ぜひ教えてください」と、微笑みながら私は返事をしました。
「カタログに載せる時間がなかったのですが……」と言いながら司書が教えてくれたのは、ソビエト連邦の崩壊直後にドイツ人が購入した、ほとんど見たことのない「NKVD（KGBの前身）」[4]の記録だったのです。言うまでもなく、その文書は私の博士論文の執筆において非常に役立ちました。

このような話は決して珍しいことではありません。かつて私

（4） NKVDは旧ソ連の内務人民委員部で、KGBは同国家保安委員会のことです。

の指導教授であった一人は、フランスの図書館で仕事をしていた際、ある記録を共有したがらない司書たちについて、「彼らがいかにケチであったか」と私たち学生に話していました。もし、司書たちが利用者に好感を抱くことができなかったら、彼らはいとも簡単に、利用者からのアクセスを遮断することができるのです。

この時、私の指導教授は、閉館時間に図書館を後にする一人の重要人物にたまたま出会い、彼に「ビールをご馳走しよう」という提案をしました。かなりの本数のビールを飲みながら、彼らは長時間、笑いながら話を交わしました。すると翌日、突然、大量の新しい記録が指導教授のもとに届いたのです。

ここでのポイントは、非常にシンプルなものです。**図書館の司書と友達になれば、宝のような記録を発見することができるかもしれない**ということです。もし、あなたが礼儀正しく誠実であれば、ほかの人が得るものと同じものを手にすることができるでしょう。しかし逆に、あなたが無茶な要求をしたり、不平を言ったりして敵をつくってしまったなら、その図書館には二度と出入りができないうえに、宝の山があなたのもとに届くことは決してありません。

まとめ

・アドバイザーとの関係は、徒弟と職人の関係として扱いましょう。
・物知りを装わないこと。何かを理解できない場合は、説明

してくれるモノや人を探し求めましょう。
・批判を冷静に受け入れ、それを成長の糧としましょう。
・教授とのプロフェッショナルな境界を維持しましょう。
・常識的に考えて前向きであることが賢明な場合は、前向きにいきましょう。
・助けてくれる可能性のある庇護者的な教授たちとの関係を築きましょう。

あなたの行動がどのように見られるのか、その見られ方があなたの成功に大きな影響を与えます。自覚しているかどうかにかかわらず、これは非常に重要なことです。

学問的な成功に必要なことは実力だけである、という考え方は魅力的です。おそらく、驚くべき才能をもつ、世にも稀な一部の学者にとっては、社交スキルはそれほど重要ではないでしょう。もし、あなたがそのような人物であれば、本章のアドバイスを無視してもいいでしょう。しかし、そうする前に、もしその輝かしい才能に少しの社交的センスを組み合わせたらどのような成功につながるのかと考えてみてください。

事実として、すべての人が古典的な対人スキルから利益を得ることができるのです。研究者も人間であることを忘れないでください。

ここで説明した社交スキルは、読み書きや話すスキル、そして研究スキルと本質的には変わりません。それらは、なくても生き延びることができますが、備えておれば本当の意味で成功する可能性を高めるスキルだと言えます。

| 訳者コラム |

リモート環境とデジタルツールの活用

　リモート環境で効率的に作業を進めるには、デジタルツールの活用が欠かせません。クラウドツール（Google DriveやOneDrive）を活用すれば、リアルタイムで資料を共有でき、チーム全体の情報の一元管理が可能になります。タスク管理には「Trello」や「Notion」を使うことでプロジェクトの進捗が可視化され、円滑なコラボレーションが実現できます。

　また、オンライン会議ツールの活用も重要です。「Zoom」や「Microsoft Teams」を使えば、対面と変わらない円滑な会話ができるほか、画面共有や録画機能を活用して議事録代わりにすることもできます。

　そして、会議前にアジェンダを共有し、終了後に「Slack」や「Teams」のチャット機能でフォローアップを行えば、会議の内容を確実に活かすことができます。「Slack」や「Microsoft Teams」は、日常的な情報共有の場としても有効で、チャンネルごとにトピックを整理すれば、過去のやり取りを素早く検索することができます。

　さらに、データ分析には「R」や「Python」を活用し、文献管理に「Zotero」や「Mendeley」を使えば、論文執筆や研究データの整理が効率よくできます。

　こうしたツールを適切に組み合わせ、自分に合ったワークフローを構築すれば、リモート環境でも快適に業務や研究を進めることができます。

第6章を読む前の学生との対話

ケニチ 第5章を終えて、どのようなことが学べましたか？

タカシ 行動や印象管理が学問やキャリアにどれだけ影響を与えるのかが分かりました。特に、アドバイザーとの関係を「徒弟と職人」のように捉える考え方が新鮮でした。

ミホ 私は、批判の受け止め方について考えさせられました。これまでは、批判を受けると落ちこむばかりでしたが、成長のチャンスとして前向きに受け止めようと思います。

ケニチ その姿勢が大切です。批判を冷静に受け止め、改善の材料にできれば、必ず成長できます。そして、自分自身が誠実であることも忘れないでください。これが長期的な成功のカギとなります。

ユキカ 今、次の研究プロジェクトをはじめる準備をしています。どこから手をつければいいのか不安です。研究の目的や進め方について教えていただきたいのですが……。

ケニチ 研究をはじめる時は不安になるものです。大切なのは、まずリサーチクエスチョン（研究課題）を明確にすることです。解決されていない問題や既存の研究を発展させる問いを立て、それに基づいて計画を立てていくのです。

ユキカ 問いが明確になれば、それに沿って進められそうですね。でも、途中で行き詰まったらどうすればいいのでしょうか？

ケニチ 行き詰まることはベテランの研究者でもよくあります。その時は、反証を検討したり、仮説を柔軟に見直すという姿勢が大切となります。研究というのは「探究の旅」だから、プロセスそのものを楽しむことを忘れずに取り組みましょう。

ユキカ 分かりました！　早速、取り組んでみます！

ケニチ その意気です！　焦らず、一歩一歩進んでいきましょう。

第6章
研究の方法

　あなたの考え方によって、あなた自身がどのように読み、書き、話し、そして研究するかを決定することになります。また、あなたが選んだ方法は、あなたの考え方を反映することになります。明晰な思考は、明確な結果をもたらすのです。

　もし、今あなたが、思考が混乱しているのではないかと不安になり、神経を落ち着けるために爪を噛んだり、鎮静剤を飲もうとしている状態でも心配いりません。

　よいお知らせがあります！　これまでに説明してきた方法を実践すれば、より明晰に考えられるような訓練ができます。

　本書で提案しているすべての公式、型、そしてアドバイスは、効率的に仕事を進めるための実用的なツールであるだけでなく、あなたの分析的な思考力を強化するための精神面におけるトレーニングでもあります。だからこそ、序章においてこれらの方法を**「知的で洗練されたやり方で働く（学ぶ）方法」**と呼んだのです。それは、ただ単に賢く働く方法ではなく、あなたをさらに賢くする働き方でもあります。

　あなたには、学問的なスキルのモンスターに立ち向かうために、想像以上の賢さが必要になってきます。要するに、**知識を「消費する立場」から「生産する立場」に移行する**ことになります。初期の段階では、決して楽なものではありません。

研究における正しい方法は一つではありませんが、まちがった方法が確実に存在しています。本章では、以下の三つのことを行います。

❶ あなたの研究の目標について考える。
❷ リサーチクエスチョン（研究課題）を見つけるための五つのステップを提供する。
❸ 集中でき、効率的かつ有意義な研究にするための戦術を提供する。

多くの学生は、研究方法を学ぶための授業科目群を履修しているにもかかわらず、適切な研究の進め方に関する指導をほとんど受けていません。しかし、以下のアドバイスに従えば、そのギャップが埋められ、多くの時間が節約され、最終的な成果物がより強力なものとなります。

すべての分野に適用できる研究要素もありますが、どの分野でも（経済学や生物学など）、そしてさらに細分化された領域のレベル（経済学であれば「マクロ経済学」や「行動経済学」、生物学であれば「分子生物学」や「発生生物学」）においても特定の研究方法が存在しているため、あなたの分野における具体的な研究のあり方については専門書やアドバイザーに相談する必要があります。

まずは、博士号の取得を目指す人々に向けて、厳しい現実をお話ししましょう。辛い現実を話す時間です。聞きたくないと思うかもしれませんが、これから言うことを、結論を急がずに聞いてください。

独自性のある成果で、その分野の発展に貢献することが非常に難しいため、誰もが博士論文を書けるわけではありません。心を込めて取り組めばできるというものではないため、もしあなたの思考がその方向に向いていないのであれば諦めたほうがいいでしょう。これは、あなたが愚かだという意味ではありません。それに時間を費やすのは正しい選択ではない、ということです。

　オリジナルな貢献ができるかどうかの判断ができるのは、あなただけです（アドバイザーからのアドバイスを受けながら）。しかし、アドバイザーが誤って判断することもあります。学生は論文を書くことができない、と決めつけてしまうのです。しかし、実際には、どのように進めていくべきかについて明確な説明をしていない場合が多いのです。

　私は、ABD[1]で中退してしまった多くの人が、実際にはオリジナル論文を完成することができたはずだと確信しています。彼らには、適切な指導者がいなかっただけなのです。誰も、彼らと腰を据えて、どのように進めればよいのかについて説明をしなかったのです。

　本書の目的は、あなたが目指している学位を取得するために、その可能性を最大限に高めるための手助けとなります。

　では、どうやってそれを成し遂げるのか。どのようにして学部の卒業論文や修士論文、あるいは博士論文に取り組めばよいのでしょうか。私のコメントは主に博士課程の学生に向けたも

---

(1)　(All But Dissertation) 論文を除くすべてを修了した状態です。日本では「単位取得退学（者）」となります。巻末の重要用語集を参照。

のとなっていますが、読まれると分かるように、すべての学生に対する、**パフォーマンスを向上させるためのアドバイス**となっています。

　まずは、少しずつ進めましょう。最初の一歩を誤ると、無目的に這い回り、未完了の仕事が山積みになるだけです。

　もし、あなたが修士課程や博士課程の学生なら、10年後には「もう少しで論文が完成するのに……」と泣き言を言っているかもしれません。数万ドル、いや数十万ドルもの借金を抱え、30代や40代になっても履歴書に書けるだけの実績がないまま、友人に向かって、「親には理解してもらえないんだ」と嘆いているかもしれません。そして、「論文には時間がかかるんだ。思っているよりも難しいんだ」と言うことでしょう。

　悲しいことに、このような哀れな話はすべて本当のことです。論文を書くには確かに時間がかかりますし、多くの人が想像するよりも難しいものです。これらの悲しい事実があなたを阻む大きな要因であると分かっていても、あなたが自己破産の危機に瀕したり、ウォール街で働いている、すなわち、成功している同期の友人から、「新しい家を購入した」とか「多大なボーナスが出た」、「ジャマイカでバカンスを楽しんだ」といったことを聞かされた時には、「どうにでもなれ！」と思ってしまうかもしれません。

　その同じ時期にあなたは、大学構内の一角にこもって、最低賃金しかもらえないティーチング・アシスタントという仕事のために、あくせくと授業計画を書いているのです。

　多くの人々が最終的には中途、もしくは単位取得後に退学し、

「ABD」の統計に加わっていきます。統計の一部になることを避けて学位を取得するためには、まずは自分の大きな目標を理解する必要があります。

研究の目標 —— 意味のある問いに答える

簡単に言えば、あなたの目標は「**意味のある問いに答える**」こととなります。簡単なことのように思えるかもしれませんが、実際には二つの点で驚くはずです。

まず、多くの人は、その問いが意味のあるものでなければならないということを理解していません。その問いは、私たちの知識を重要な何かに進展させる答えに導くものでなければなりません（この点については、のちに詳述します）。

第二に、多くの人は以下の三つを区別することが難しいと感じています。それは、「**研究のトピック**」、「**リサーチクエスチョン（研究課題）**」、そして「**研究の答え**」（「仮説／主張（thesis）テーゼ」と呼ばれている）の三つです。

研究のトピックとは、あなたが調査している一般的な領域のことです。例えば、19世紀初頭のペルーの労働運動や、シェークスピア（William Shakespeare, 1564～1616）の作品における狂気の表現、あるいは北米の学者たちの社会的スキルなどです。これらのトピックのことを、多くの学生は自分が取り組んでいる個別の研究内容だと誤解しています。しかし、それは違うのです。あなたが書いているのは、あなたをつかんで離さない「問い」とその「答え探し」のプロセスなのです。

問いこそが研究を駆動させます。それは、朝あなたを目覚めさせ、一日中作業に取り組ませ、考えを書き留めるために、夜中であってもあなたをベッドから引きずりだすものです。リサーチクエスチョン（研究課題）こそが、実際にあなたが取り組んでいる内容なのです。例えば、次のようなものです。

- なぜ、19世紀初頭のペルーの労働運動は効果的だったのか？
- 国家は、どのようにして効果的に汚職に対抗するのか？
- なぜ、一部のファッショントレンドは長続きするのか？
- なぜ、シェークスピアの狂気の登場人物の多くが女性なのか？（シェークスピアの作品に登場する狂気のキャラクターが男性よりも女性が多いのかどうかは知りませんが、ここでは、問いのつくり方を示すための例とします。）
- なぜ、多くの研究者は社交面において不器用なのか？

その答えが「**仮説／主張（テーゼ）**（thesis）」となります。この場合、「答え」と「仮説／主張」は同義となり、博士論文は仮説の証明となります。

学部や研究科などにおける情報交換会（ミキサー）に参加する時や、カクテルパーティーで雑談をしている時に誰かから「今、何に取り組んでいるの？」と尋ねられたら、短い三つの文で答えられるように準備しておく必要があります。要するに、次のように言えるようにしておくということです。

「私のトピックはXです。私の問いはYです。そして、私の答え（または仮説）はZです」

バシッ、バシッ、バシッと、ためらうことなく、はっきりと、洗練された短い言葉で述べましょう（「**エレベーターピッチ**」と呼ばれることがあります）。このように答えれば、教授陣に強い印象を与えるだけでなく、自信が大いに高まります。

この三つの文章は、アカデミックな仕事でも、それ以外の仕事でも、そして就職活動においても非常に役立ちます。もちろん、論文の後半部分に到達するまで仮説を説明することはできません。研究を行う前に、決して結論を出してはいけません（この問題についても、のちに詳述します）。

論文執筆の初期および中間段階では、「トピック」と「問い」について明確に説明できるようにしておく必要があります。では、先ほど挙げたような架空の例ではなく、実際の例を示しましょう。カクテルパーティーや就職活動において、私が自分の研究をどのようにまとめたのかについてお話しします。

- 私のトピックは、戦前のナチス・ドイツにおける外交政策の意思決定です。（X）
- 私の問いは、「ヒトラーはどのように意思決定を行ったのか？」です。（Y）
- 私の仮説は、「ヒトラーが情報に基づいた意思決定を行う力は、彼自身がつくりだしたシステムによって制約されていた」です。（Z）

これらの各文章は、質問者に対して、さらに深く探るように促すものとなっています（話している間に質問者が静かな眠り

に落ちていなければ、の話ですが)。実際、このように短く、要点を押さえた文章で一つ一つの要素(**トピック、問い、仮説**)について一文ずつ述べるという方法は、研究に対する本物の興味を引きだす効果的な手段となります。

　残念ながら、多くの学生や研究者は長々と話し続けるという傾向が強いです。今日のように、字数が制限された「つぶやき(ツイート)」や、ほんの数秒間しかない動画でのメッセージに満ちた社会では、12秒以上話し続ける方法を用いてしまうと、伝えたいことがきちんと伝わらない場合が多いものです。

　それゆえ、先に挙げた方法を使って情報を小出しにすれば、相手があなたの言ったことを処理し、さらに知りたいかどうかを判断するだけの時間を提供することができます。そうすれば、相手の関心の度合いを測りつつ、あなたの明晰な思考力、表現力、そして完璧な社交スキルを示すチャンスが生まれます。

　試してみてください。ただし、次に予定されている所属学部や研究科、部門などでの情報交換会で披露する前に、友人との練習をおすすめします。

　自らの研究内容を理解していないことが最も明らかになる瞬間は、研究内容を尋ねられた時です。その際、方向性をもっていない学生の場合は、初期のアメリカの真鍮細工が国の遺産にとっていかに重要であるかについてのような類い(周辺事項)のことを長々と説明をするだけで、リサーチクエスチョン(研究課題)を明確にすることは決してありません。

　このような事態になるのは、その学生がまだ明確な問いをもっていないか、さらにマズイことに、単に何かについて調べて

書けばよいと誤解しているからです。

　また、このような学生は、自分の仕事とは、何かのトピックまたはテーマについて語るものだと思いこんでいます。そのため、曖昧で具体性に乏しい説明を越えることができないのです。

　しかし、その学生に、研究というのは「**意味のある問いに答えることである**」と教えた人はいないのです。要するに、意味のある問いに答えるためには、研究のための問い、すなわちリサーチクエスチョンをもたなければならないということです。

　適切な問いを見つけることは、研究活動のなかにおいて最も難しい部分となる場合が多いです。このあとで問いを見つけるための方法を紹介しますが、まずは二つの重要なポイントを伝えておきましょう。

❶あなたは、自分の問いに対して関心をもたなければなりません。

❷リサーチクエスチョンが何を成し遂げるためのものかについて、理解をしなければなりません。

リサーチクエスチョンが明確でなければ、研究は方向性を失い、目的なく進んでしまうという恐れがあります。問いは、研究を導くコンパスのような役割を果たします。そして、その問いに真摯に取り組むことで、答えを見つけるための道筋が少しずつ見えてきます。

　問いを選ぶ自由が与えられた時は、心から答えたいと思うような問いを見つけなければなりません（そうです！　本当に「心から望む」という意味です）。そして、その問いに対して、

最大限の好奇心を抱く必要があります。その好奇心があなたの研究を駆りたてるからです。

好奇心は、原稿のページに情熱を反映させる助けとなり、その過程がより楽しいものとなります。また、その情熱は言葉を通して読者にも伝わり、彼らを引きこむことにもなるでしょう。このような感情面におけるアドバイスを軽視してはいけません。あなたが思っている以上に重要なことなのです。

もし、その問いに心を奪われていない場合は、研究というものは、ただの面倒な作業か長引く苦痛となってしまうでしょう。一日中、シーシュポスの岩⁽²⁾を山に向かって押しあげ、夜になってから、その岩が転がり落ちる様子をじっと見守るようなものです。好奇心こそが、その経験を楽しみに変えるカギとなるのです。

私が初めて図書館で文献調査をはじめた時には、その過程が退屈なものではないかと心配していました。しかし、自分の問いに対する答えを本当に知りたいと思っていたので、1年以上をかけて書類を精査するという行為が、まるで緊張感と期待感があふれる探究の旅のように感じられました。この時が、私という「オタク誕生」の瞬間だったのです。

もちろん、好奇心だけでは不十分です。加えて、あなたの問いは、既存の研究における**知識のギャップを埋める**ものでなければなりません。それは、誰もがまだ知らないことについて教えると同時に、実際に知る必要があることを示唆してくれるものでなければなりません。

そして、最初に研究の問いを思い浮かべた時には、ほかの誰

かによってすでに解答されているかどうかを確認しなければなりません。おそらく、誰か（あるいは複数の人）がすでに答えている可能性が高いでしょう。でも、落胆しないでください。

　もし、誰も答えていない場合は、その理由を見つけてください。答えが得られないのは、答えられない問いであるからでしょうか？　それとも、その重要性に誰も気づかなかったからでしょうか？

　もし、答えが得られているなら、その答えが完全で、満足のいくものなのかどうかを確認してください。多くの場合、**研究者たちは大きなパズルの一部しか解いていないものです**。よって、チャンス到来となります。

　つまり、既存の答えが不完全なものかもしれないということです。仮に、特定の側面は適切に扱われていたとしても、ほかの側面はそうではないかもしれないのです。または、しばしば与えられる答えが不十分で納得できない、あるいは理にかなっていないと感じることもあるでしょう。さらに、既存の答えが混乱を招いていることもあります。

　どの場合であっても、あなたにとってはよい兆しとなります。もしかしたら、ただ混乱しているだけで、誰か（あなた）に説明してもらう必要があるかもしれないからです。

　まだあります。既存の答えが全く無意味である可能性もあるのです。また、論理的な推論や実証的な証拠に耐えられない、浅薄な決まり文句かもしれないのです。そのような場合は、あ

（2）　ギリシャ神話に出てくる人物シーシュポスが被る、果てしない徒労を指しています。巻末の重要用語集を参照。

なたにとって「幸運」となります。つまり、自分の「問い」を見つけたことになるからです。

さて、仮にあなたが途方に暮れているとしましょう。卒業論文、修士論文、または博士論文を書かなければならないのに、何を書けばよいのかが分からず、何に対しても興味が湧かないとか、逆に興味を引くことが多すぎるといった状態です。

ここで、問いを見つけるためのアドバイスを提供しましょう。これまでと同じく、まずは「ステップ」をリストアップして、その後、各ステップについて説明していきます。

問いを見つけるための五つのステップ

ステップ1　専門家に尋ねる。
ステップ2　自分のテーマに関する最新の本／論文（2冊）を手に入れる。
ステップ3　さらに、その次の最新の本／論文（10冊）を手に入れる。
ステップ4　それらが意味を成すかどうかを確認する。
ステップ5　もう一度専門家に尋ねる。

ステップ 1 専門家に尋ねる

問いを探す際にまずはじめるべきことは、その分野に関する先行知見（文献など）を最もよく知っている人々、つまり教授たちからアドバイスをもらうことです。彼らは、生きた情報検

索エンジンのような存在です。教授たちは、その分野における未解決の重要な問いをいくつか挙げてくれることでしょう。少なくとも、そうした問いが、議論されている最も重要かつ最新の研究にあなたを導いてくれるはずです。

　もし、教授たちがあなたに対して問いを提供してくれたなら、それは「ラッキー」と言えます。仮に、問いが提供されなかった場合は、以下のステップを踏んで自分で見つけていくことになります。

ステップ 2 　自分のテーマに関する最新の本／論文（2冊）を手に入れる

　2冊の本もしくは2本の論文を手に取り、本書の第1章から第2章で説明した方法で徹底的に読みこんでください。そして、それらが提示している問いとその答えを抽出し、書き留めていきます。

　これらの問いは同じものですか？　それとも、本質的に同じと見なせるほど似ていますか？　もし異なっている場合は、それらの答えの違いがどのようなものかを記録し、一つの段落でまとめてください。

　そのテーマに興味を引かれ、ほかの文献も読みたいと思いましたか？　もし、そうでなければ、そのテーマはやめて、別のテーマに関する最新の文献2冊を手に入れて最初からやり直しましょう。

　このような作業を続け、本当に読み続けたいと思えるほど興味の引かれるテーマを見つけるまで繰り返します。見つけるテ

ーマは、解決の難しい、挑戦的なパズルのような問いを含むものであるべきです。

あなたを本当に引きつけるテーマを見つけたら、その2冊に挙げられている参考文献一覧を精査して、関連する10冊の文献を見つけて「ステップ3」に進みます。

ステップ 3 さらに、その次の最新の本／論文（10冊）を手に入れる

10冊の関連文献を手に入れたら、最初の2冊（扁）と同じ方法で読み進めます。著者たちの問いと答えを書き留め、比較してください。それらがどのように異なり、どの部分が重複しているのかも確認します。

ステップ 4 それらが意味を成すかどうかを確認する

これまでに説明したことを考慮しながら、著者たちの答えが完全かどうかを確認します。彼らは、パズルのすべてのピースを見逃すことなく扱っているでしょうか？　多くの場合、何かを見落とした状態になっているはずです。

例えば、都市犯罪に関する社会学的な研究では、貧困、文化、偏見などの説明を提供しているかもしれませんが、もしかすると、司法制度の構造的な圧力についてはあまり触れていないかもしれません。

さらに、法を犯さないような支援やアドバイスを警察が行わず、犯罪者の逮捕を優先するといったシステムが、犯罪を減らすどころか逆に増やすような仕組みをつくりだしている可能性

もあります^(原1)。サッカーで言えば、イエローカードに相当する警告（最後通告ではない）よりもレッドカード（一発退場、最後通告）を優先するシステムです。

このような視点は、文献を幅広く読んでいれば気づくようなありふれた説明に不満を感じない時には思い浮かびません。

もし、既存の見解に不満を感じたなら、あなたは自分の問いに近づいていることになります。その問いを、8語以内［日本語であれば30〜40字］に凝縮してください（このプロセスについてはのちに詳述します）。そして、「ステップ5」に進みます。

ステップ5 もう一度専門家に尋ねる

可能性のあるリサーチクエスチョン（研究課題）が見つかったら、それを持って、再び専門家の意見を聞きに行きましょう。教授たちは、その問いがすでに解答されているかどうかについて教えてくれるはずです。

もし、教授たちに「解答されている」と言われた場合は、本当に正しいかどうかを自分で確認してください。**学問の世界では、誰に対しても疑問をもつことが基本となります**。時には、標準的な説明を受け入れないことが最良の研究結果につながることもあるのです。

教授たちが、その問いに対する決定的な解答が記された本や

（原1） これは、社会学者アリス・ゴフマン（Alice Goffman）の都市犯罪に関する研究の大まかな概要です。詳しくは、アリス・ゴフマン『On the Run：Fugitive Life in an American City』（シカゴ大学出版、2014年）を参照してください。

論文を紹介してくれることもありますが、そうした資料についても、あなたがこれまでに学んだ方法で徹底的に検証しましょう。その解答が満足のいくものなのかどうか、あるいは本当に完全な解答なのかを、自分で判断するのです。

もし、その解答に満足できない場合は、あなたの問いはまだ研究に値するものであり、正しい方向に進んでいる可能性が高くなります。そうなると、教授たちにその問いが価値あるものだと納得させる必要が出てきます。もし、納得してもらえない場合は、教授（アドバイザー）を代えることを選択肢に含めるべきでしょう。

もちろん、アドバイザーが正しい可能性もあります。その場合、その問いがすでに解決ずみとなっている可能性が高くなりますが、それでも大丈夫です。「ステップ1」に戻って、再度文献調査や先行研究のレビューを行いましょう。ここで重要となるのは、**すでにその分野における重要なテーマに触れているという事実**です。

このようなプロセスを繰り返せば、説明が必要とされる未解決の問いにたどり着くはずです。その時期は、あなたが思っているよりも早いかもしれません。

研究のための戦術

 ### ❶問いを8語以内［日本語なら30〜40字］に圧縮する

適切な問いにたどり着いたら、その問いをできるだけ簡潔に

することをおすすめします。厳密に絞りこむ理由は以下の二つです。

　第一に、明確かつ簡潔に説明することで、学部などの情報交換会や研究発表会、カクテルパーティーや就職市場において強い印象が与えられるからです。

　カクテルパーティーの重要性を過小評価しないでください。教授やほかの大学院生と話す時、自らの研究について明確に説明することができれば、相手に「この学生は自分のことをよく理解している」という印象を与えることができます。会話を終えた教授たちは、「新しい研究助手が必要になった時、彼／彼女にするか」と思い、学部会議における予算検討の際にあなたの名前を挙げるかもしれません。

　第二の利点は、問いを明確にしておけば、論文を書く際、常にそれを念頭に置くことができます。論文の各段落や段落群を作成する時、「この段落や段落群は、私の問いに答えるのに役立っているのか？」と自問できますし、もし答えが「いいえ」なら、その部分を切り捨てて役立つ内容に書き換えるべきです。無駄な時間はかけられません。目標に集中しましょう。

　自己宣伝になりますが、私が博士論文を出版してから著した本のなかから、いくつかの「トピック」、「問い」、そして「答え（仮説、主張）」を例として紹介します。**これらは、問いを8語以内に凝縮し、答え（仮説）を一文にまとめる方法の具体例として役立つはずです。**

　仮説は、必ずしも8語以内に収める必要はありませんが、一文にまとめることを強くおすすめします。

・『Breeding Bin Ladens：America, Islam, and the Future of Europe（ビン・ラーディンの誕生：アメリカ、イスラム、そしてヨーロッパの未来）』（Zachary Shore著、ジョンズ・ホプキンス大学出版、2006年）

　トピック——ヨーロッパ社会におけるムスリムの統合。
　問い——なぜ、ヨーロッパおよびアメリカ政府はムスリムを疎外していたのか？（Why were European and American governments alienating Muslims?）
　仮説——彼らは、西洋の主流の価値観に対するヨーロッパのムスリムの曖昧な態度を敵意と誤解したからである。

・『Blunder：Why Smart People Make Bad Decisions（失敗の本質：なぜ賢い人々が愚かな決断を下すのか）』（Zachary Shore著、ブルームズベリー、2008年）

　トピック——国際紛争における意思決定。
　問い——なぜ、人々は自滅するような決定をするのか？（Why do people shoot themselves in the foot?）
　仮説——特定の、反復的で硬直した思考パターンが意思決定者を罠に陥れるからである。

・『A Sense of the Enemy：The High-Stakes History of Reading Your Rival's Mind（敵を知る感覚：ライバルの心を読むハイリスクの歴史）』（Zachary Shore著、オックスフォード大学出版、2014年）

　トピック——20世紀の国際紛争における敵対者の評価。

問い——戦略的共感はどのようにして生まれるのか？
（What produces strategic empathy?）
仮説——戦略的共感のカギの一つは、敵の過去の行動パターンからではなく、中断時の行動から生まれる。

　これらの問いと仮説には、一つの重要な側面があります。それぞれがバネのように圧縮されており、各問いが、まるで解放を待ち望むかのような潜在的なエネルギーをもっていることです。そして、コンパクトな問いと答えは、すべて詳細な説明を求めています。「戦略的共感」とは何ですか？　「硬直した思考パターン」とはどういう意味ですか？　「曖昧な態度」とは具体的に何を指しますか？　「統合」とは何を意味しますか？

　簡潔な文章は、カクテルパーティーで誰かが説明を求めるのを待っているだけでなく、著者であるあなた自身にその意味を説明するように促すことになります。「トピック」、「質問」、「仮説」に**バネのようなエネルギーをもたせれば**、まだ記述されていない空白を埋めるための準備が整うことにもなります。

　最初は、多くの人が研究の問いを凝縮するのに苦労します。しかし、問いを詳述する機会は十分にありますので心配しないでください。とりあえずは、研究活動の開始時に、問いをこのように一口サイズで表現することを自らに課してください。それによって、研究段階でも、執筆段階でも、集中力の維持が図れるはずです。

　また、先に述べたように、執筆中に「この段落は問いに答えるのに役立っているのか？」と自問することができます。さら

に、研究を進めるなかでは、その問いの核心部分を活用することもできるでしょう。

　文書、日記、研究、またはあらゆる書面記録を読んでいる時でも、あなたの「問い」に答えるために役立つかどうかを意識してください。もし、そうでないのであれば、貴重な時間を費やす必要はありません。さっさと役立ちそうなものと差し替えるべきです。

　もちろん、ある記録が問いに関連しているかどうかの判断がすぐにできるわけではありません。しかし、意味のないものを読むことに何時間も費やしてしまう前に、できるだけ早く見極める必要があります。なぜなら、大学にいる間には重要なことがあるからです。それは、**できるだけ短期間に、最小限の負荷と精神的な苦痛で学位を取得する**ことです。

　短く凝縮した問いを常に念頭に置いておけば、レーザー光線のような集中力をもって研究活動と執筆に取り組めるはずです。

❷問いは馴染みのあるものでよいが、答えは独創的でなければならない

　博士論文の成否を測る基準は、修士論文のそれよりもかなり高くなります。修士論文では、特定のテーマに関する知識の習得を示すことが求められます。つまり、関連する文献を理解し、その分野における特定の問題を分析することが求められるわけです。もちろん、その基準は学部や大学によって異なりますが、独自性や独創性に対する期待は博士論文ほど高くありません。

　一方、博士号を取得するためには、特定のトピックがもつ問

題に対して、独創性のある理解を示す必要があります。

　私の専門分野である歴史学では、研究の独創性には三つの主要形態が求められています。新しい資料を発見または利用していること、新しい解釈を考案していること、古びた定説を覆していることです。運がよければ、博士論文において、この三つすべてを行うことができるでしょう。

　ほかの人文学や社会科学でも、独創性の必要性はとても重要であると考えられていますが、新しい資料を発見または利用することはあまり重要視されていません。いずれにせよ、どの分野であれ、**博士論文の執筆者には、私たちが知らなかったことを示すような内容が求められ**、それが正しいものでなければならないのです。

　研究に独創性があると示すのは困難である、と思うかもしれません。そのせいか、多くの大学院生は、非常に専門的で、ほとんど未探究のテーマに引き寄せられてしまいます。オリジナリティという要件があまりにも困難に思えるため、ほとんどの人が、議論していないテーマに焦点を当てれば新しいことが言える、と考えてしまうのです。ここでの問題は、彼らが選ぶトピックは、専門的なだけで、なにがしかの共有された意義との関連性がない場合が多いということです。

　例えば、1853年に行われたスウェーデンのローワー・シュモーゲシュバーグ選挙区8および選挙区9における補欠選挙の分析に関する博士論文を想像してみてください。このテーマを探究した人は誰もいないという事実を考えれば、失敗することはないでしょう。

しかし、いったい誰がそんなことに興味をもつでしょうか。これらの補欠選挙で何か重要なことが起こったのか、選挙区8および選挙区9が重要な役割を果たしていなければ、その博士論文を読む人はいないでしょう。おそらく、論文審査委員会のメンバーがこの論文を読んでできる唯一のことは、面白くもない内容のおかげで眠りに落ちることでしょう。

専門的ではあるけれど、何事とも無関係なテーマを研究して、自分自身を無意味な存在に追いやらないでください。常に、自分の問いをより大きなもの、つまり本当に重要なものに結びつけてください。そのような問いが、困難な時でもあなたを支え続け、学術的な仕事を求めているかどうかにもかかわらず、**就職市場においても説得力のあるアピールにつながります**。

❸問いをより大きなテーマに結びつける

もし、あなたが卒業論文、修士論文、または博士論文を凝縮した問いではじめたとしたら、どのような内容でその続きを書くでしょうか？ おそらく、次の文は「より具体的には……」というような言葉ではじまり、あなたの問いをより詳細に噛み砕いた形で説明することになるでしょう。

例えば、「ヒトラーはどのように意思決定を行ったのか？」という問いのあとに、「より具体的には、1933年から1939年の戦前期に、ヒトラーの政府はどのように外交政策の意思決定を行ったのか？」と書くかもしれません。

そして、何を正確に調査しようとしているのか、それがなぜ重要なのか（つまり、あなたの研究がその主題の理解をどのよ

うに進展させるのか）を説明し、その問いをより大きなパズルに結びつけるかもしれません。

　おそらく、この研究はナチス政権のほかの側面についての洞察を提供することになるでしょう。または、ほかの類似の独裁政権（比較可能なものがあれば）における意思決定の理解に役立つかもしれません。

　要点は、あなたのリサーチクエスチョン（研究課題）が追究する問題を研究することの重要性を常に示すことです。ここでよく用いられるのは、「**それで？**（So what?）」という問いです。あなたの問いについての説明に対する他人からの「それで？」にこたえ、説明できることが、あなた自身に説明できることと同じくらい重要なのです。

　もし、あなたの研究が本当に重要であるという理由の説明ができないのであれば、そして、もしあなたの問いをより大きなパズルに結びつけることができないのであれば、すぐにその問いをやめて、本当に重要なものを見つける作業に戻ることをおすすめします。

　もちろん、例外が二つあります。もし、あなたが独立しており、裕福で、将来の仕事を探す必要がないのであれば、どうぞご自由に、自分が書きたいと思うことを書いてください。その際、気が向いた時に、一つか二つの建物を大学に寄付をすれば学位は取得できるでしょう。

　あるいは、自分だけにとって重要な問いに取りつかれている場合もあります。もし、あなたが、「結果がどうなろうと構わない。たとえ大金を借りたり、仕事が見つからなくても気にし

ない。自分の答えがあればそれでいい！」と言いたいのであれば、映画『マルタの鷹』(3)の主人公のように、当てずっぽうな問いを追究するべきです。そして、もし悪意のある太った男や薄気味悪い細い男が、どこのものとも知れない発音と強弱のある言語を発しながらあなたの論文を追い求めて世界中を追いかけてきたら、まちがいなくエキサイティングな冒険となるでしょう。ひょっとすると、それは映画化されるかもしれません(原2)。

　しかし、まあ聞いてください。もし、あなたが多くの人と同じく仕事を必要としたり、または実際に人々の理解を進展させる何かに数年間を捧げたいと思っているのであれば、あなたの問いをより大きなパズルに結びつけることをおすすめします。

　その方法は二つあります。一つは、興味をもっている小さな問いからはじめて、どのようにすれば大きなパズルの理解を深められるかを見つけだす方法です。もう一つは、自分の分野における未解決の大きなパズルからはじめて、その一部をどのように解決していくのかについて考えるという方法です。

　前述したリサーチクエスチョン（研究課題）を見つける方法では、大きなパズルからはじめて、どの側面が十分に取り扱われていないかを判断しました。例えば、都市犯罪の場合では、「なぜ、高い割合で犯罪が続くのか」という問いがあり、社会学者たちから提供されている様々な回答を特定しました。その後、司法制度の体系的な圧力という、自分独自の角度からこのパズルに取り組みました。

　もし、その分野にあまり詳しくない場合は、未解決の大きなパズルからはじめるほうがいいでしょう。実際、あなたの「新

鮮さ」、**つまり無知こそが大きな利点となります**。それによって、禅宗で言うところの「初心の心」で古い問題に取り組むことができます。

こうすれば、何年にもわたる陳腐な考えに縛られることなく、専門家が当たり前だと思っていることを容易に問い直すことができます。**無知がこんなに楽しいものだと、いったい誰が知っていたでしょうか？**

先に挙げた取り組み方、つまり自分が興味をもっている狭い問いからはじめ、それを大きなパズルに結びつけるという方法も効果的です。しかし、この方法を採用する場合は、専門家から率直なフィードバックを得る必要があります。

問いを見つけるための五つのステップのプロセスである「ステップ1」（198ページ参照）を思い出してください。専門家に尋ねることです。この取り組み方をする場合は、自分の問いが本当に重要で、調査に値するものかどうかを専門家に尋ねる必要があります。

再度言いますが、アドバイザーがまちがっていることもあります。彼らが、あなたの問いを、すでに答えられたものだと言って却下するかもしれません。その場合、従来の知識を精査して、彼らが正しいかどうかを判断する必要があります。

（原2）　もし、最後の文に戸惑っているなら、それはクラシック映画『マルタの鷹』への言及となります。まだ観ていないなら、ぜひ観てください。それはまさに、あなたの夢が形になったような作品です。
（3）　（The Maltese Falcon）1941年に製作されたミステリー映画です。アメリカの作家ダシール・ハメット（Samuel Dashiell Hammett, 1894～1961）による長編小説が原作です。

いずれにせよ、どのような取り組み方で問いを見つけるにしても、その答えがまだ知られていないことを確認しなければなりません。

❹問いを研究の指針とする

これから述べる内容は、図書館で文献調査を行っている人にとっては重要となります。もし、あなたが該当しない場合は、次の❺に進んでください。

図書館で直面する最初の問題といえば、膨大な量の記録です。すべてを読みたくなるという欲望は、自然で非常に立派な知的好奇心から生じるだけでなく、純粋な恐怖心からも生じます。
「何か重要なものを見逃したらどうしよう？」

そして、そこから不安な夢を見ることになります。講演台に立ち、フォーマルな服装で、自信満々に画期的で分野の変革をし、キャリアを飛躍させるだけの発見を、会場にいる専門家たちに向けて発表しているところを想像します。すると突然、蝶ネクタイにポケットプロテクター[4]をつけた男が観客のなかから飛びだし、こう叫びます。
「すみませんが、マクガフィンファイル[5]を見落としていませんか？　それは、あなたの全仮説を明らかに覆しますよ」

あなたは恐怖にうろたえます。もし、図書館を出る前に一連の文書を見ていたら……。

悪夢のようなビジョン、可能性としてはありますが、到底ありそうもないことです。なぜなら、あなたは、おそらく自分の狭い問いに最も関連する記録の大部分を調査しているからです。

また、あなたは、そのテーマに関する二次文献を徹底的に調査しているため、その分野の専門家であれば知っているべきことや参考にすべき資料についても知っているはずです。

もし、ポケットプロテクター教授がマクガフィンファイルについて知っているのであれば、おそらくあなたもそのことを知っているはずです。なぜなら、それらはすでに文献で議論されているからです。また、あなたのアドバイザーが役に立つ人であれば、あなたが何かを発表するずっと前に、これらのファイルについて警告してくれるはずです。

要するに、**図書館でのあなたの仕事は、すべてを読むことではないのです**。そんなことはできないのです。試みたとしても、何も得られないでしょう。記録の海で溺れるだけです。あなたの仕事は、自分の問いに最も関連性のある記録を特定することです。それは、あなたの謎を解くのに最も役立つ可能性があるものです。

どの図書館に入る時も、自らの問いに導かれています。無目的にさまよい、少しでも興味を引く文献やそのほかの情報源に手を出す余裕はありません。やるべきことは、カタログに記載された各記録セットに対して次の問いを投げかけることです。**「この文献が私のリサーチクエスチョン（研究課題）に答える可能性は、どれくらい高いか？」**

（4） ペンなどを入れる小さなポケット状の入れ物です。
（5） マクガフィンとは、小説や映画などのフィクション作品におけるプロット・デバイスの一つで、登場人物への動機づけや話を進めるために用いられる作劇上の概念です。巻末の用語集参照。

この考えをもとに、文献を三つのグループに分けます。
❶問いに答える可能性が最も高いもの
❷可能性がやや高いもの
❸可能性が低いもの

「最も高い」カテゴリーの文献をすべて消化できたら、自分は恵まれていると考えてください。膨大な資料の量を考えると、その選択は慎重に行うべきです。まず、これらの文献に集中することができれば効率は大幅に向上するでしょう。

博士論文の研究段階で図書館を複数回訪れるというのは、そう簡単なことではありません。再訪できない可能性もあります。問いをもとにして文献を選び、そこでの時間を最大限に活用してください。

図書館の文献を読む時ですが、リサーチクエスチョン（研究課題）をしっかりと見据えておくもう一つの利点があります。何を探しているのかが分かっていれば、何を飛ばすべきかも分かるのです。

時間を最大限に活用するためには、膨大な量の「**飛ばし読み**」を行う必要があります。リサーチクエスチョンに答える可能性が低いと思われる文献に出くわしたら、それを返却して、別のものを依頼しましょう。適切でないものを捨てることをためらわないでください。

ほぼすべてのルールに例外があるように、ここでも重要な注意点があります。それは、あなたの問いには直接関係しないが、非常に興味深い論文が作成できそうな文書を発見した場合、問

いの変更を検討する価値があるかもしれないということです。

多くの偉大な本は、予期しない発見から生まれています。もし、あなたがそのような宝を掘り当てるといった幸運に恵まれたなら、ザナックス(6)を服用して神経を落ち着かせる前に、アドバイザーに相談してください。

文献などの資料には、研究を思いがけない方向へ導くという独特な力があります。ほとんどの人が、最初に思い描いた通りの博士論文を書き終えるということはありません。テーマについて学ぶにつれて、また新しい資料に出合うにつれて、問いは進化していくのです。

何年も前に私の学部アドバイザーが言っていたことですが、本当によい研究プロジェクトがあなたを導くのであり、あなたがそれを導くわけではありません。彼が言いたかったのは、**資料が予期しない方向にあなたを導くことがあり、その指示に従う必要がある**ということです。

このアドバイスは、先ほど私が述べた「問いを研究の指針とするべきだ」というフレーズと矛盾しているように思われるかもしれませんが、その意味を理解する方法があります。あなたの問いは確かに研究を推進するわけですが、資料によっては問いを変更することもあり得るということです。

重要なのは、図書館に無計画に座りこみ、無秩序に資料を注文して、「何が出てくるか見てみよう」というスタイルをとるのではなく、明確な問いをもってはじめることです。そうすれ

---

(6) Xanax(抗不安薬)。巻末の重要用語集を参照。

ば、研究活動は効率的なものになります。そして、関連する記録を読んでいる過程で新しい問いを生みだす資料を発見した場合は、その新しい問いを追究するといった選択をするかもしれないということです。

とはいえ、これらの新しい問いが、元の問いに基づいた論文よりも優れた結果をもたらす可能性があるかどうかについては慎重に考えることをおすすめします。

❺研究を行う前に結論を出してはいけない

意外に思うかもしれませんが、私はしばしば学生（時には、ほかの研究者まで）が、「Xについて書きたい、なぜならYを示したいからだ」と言っているのを耳にします。つまり、彼らは、研究をはじめる前から自分の問いに対する答えを知っていると決めつけているのです。

この状態は、彼らが本当に答えを知りたいとは思っていないことを意味します。単に、自分の信じていることを他人に伝えたいだけなのです。

みなさん、よく聞いてください。**これは学問ではなく、修辞上の主張にすぎません**。そして、もしそれがあなたのしたいことであれば、大学を退学して、あるいは卒業したあとに、評判の悪いワシントンDCのシンクタンクや、政治的に偏っている「Foxニュース」の放送局みたいなところで働くべきです。

今あなたが何をする仕事に就いているのか、決して忘れないでください。起業家は、お金を稼ぐビジネスに従事しています。アスリートは試合に勝つことを目的としています。そして、研

究者は、真理を追究するビジネスに従事しているのです。

　私たちは、必ずしも真理にたどり着けるわけではありません。しばしばまちがえることもありますが、みんなの努力によって、少しずつ真理に向かって進んでいくことが目的なのです。

　私たちは仕事を通して、病気の原因と治療法を発見するかもしれません。ある国が豊かでほかの国が貧しい理由を学び、それを是正する方法を見つけるかもしれません。歴史的な出来事の原因と結果を理解し、なぜそのように展開したのかについて学ぶことがあるかもしれません。各分野にはその分野特有の大きな目標があり、**すべての学問は真理の追究を通して、それを達成することに専念しているのです。**

　大げさに聞こえますか？　でも、本当にそうなのです。私たちの仕事には、やるだけの価値が大いにあるのです。たとえ大学にいる間だけであっても、努力集団の一員になることをあなたが選ぶならば、心を開いてはじめる必要があります。心を閉ざしてしまうことは、知への挑戦に対して、まちがいなくマイナスとなります。

　ここで、少し気が滅入る話をしましょう。

　私はかつて、1,000人以上の大学院生に向けて、研究方法に関する1時間の講義を行ったことがあります。この講義のために何週間もかけて準備をしました。ジョークや驚き、緊張感、そしてプロジェクトをはじめる方法に関して、慎重に流れを組み立てた説明を盛りこみました。大学院生は、この講義を楽しんでいるように見えました。適切な場面で笑い、思慮深い質問をし、直接かかわる話になった時には知的な反応を示しました。

本章で研究に関して述べた三つの主要なポイントの一つは、**「はじめる前に結論を出してはいけない」**というものでした。しかし、翌日、大学院生の一人が私のオフィスにやって来て、講義をとても楽しんだこと、そして私に論文指導をお願いしたいと考えている、と話しました。彼に、「何について書きたいのかね？」と尋ねると、彼はこう言いました。

「私は……ということを証明したいんです」

そして、彼はまだ一つも研究を行っていないのに、すでに結果を決めているプロジェクトを説明しました。

みなさん、教授にとって、自分の完全な失敗を目の当たりにすることほど気が滅入ることはありません。

少し脱線させてもらいますが、私の幼なじみであるピーターのために行った結婚式のスピーチを紹介します。

私は20分間、新郎が少年だったころの面白いエピソードを語りました。私たちが若いころに繰り広げた心温まる冒険談を話し、何十年にもわたる友情の、最も意味のある瞬間を詳しく述べました。

出席者は非常に楽しんでいるようでした。拍手が収まり、私が会場を歩いていた時、私のスピーチに感動してくれたと思しき女性とすれ違いました。彼女は私の腕を温かく握りしめ、「とても素晴らしく、感動的なスピーチでした。本当に感動しました。ありがとうございます」と微笑みながら言いました。私は笑顔で返しましたが、彼女が次のように付け加えた瞬間、少し凍りつきました。

「それで、ピーターとはどういうお知り合いなんですか？」

教訓——常に、すべての人に、すべてを教えることはできません。

　しかし、この重要な概念をあなたに伝えることができればと思っています。もし、あなたの唯一の目標が、ある特定のことを証明するだけであるなら、自分の問いに答えるという作業には興味をもっていないことになります。にもかかわらず、なぜそれにこだわるのですか？　その場合、博士論文をつくる過程だけではなく、成果までもがかなり退屈なものになってしまうでしょう。

　一方、最も興味深い論文は、答えが分からず、発見したことに驚かされるものです。そうした論文は、書くにおいても、読むにおいても魅力的な作品となります。だからこそ、自分の問いに対して心を開いてほしいのです。そして、このことが次のアドバイスにつながります。

❻反証に正面から向きあう

　マルコム・グラッドウェル[7]は、現代における最も優れた事実に基づく物語作家の一人でしょう。しかし、学者たちは彼の作品をすぐに酷評します。彼が社会科学への関心を刺激するために大いなる貢献してきたことを忘れているのです。彼の本のおかげで、数人の学者が有名になり、裕福になったことさえあるにもかかわらずです。

（7）（Malcolm Gladwell, 1963～）アメリカのジャーナリストです。

2013年、グラッドウェルが『David and Goliath: Underdogs, Misfits and the Art of Battling Giants（ダビデとゴリアテ：弱者、はみ出し者、そして巨人と戦う術)』(Penguin、2013年)を出版した際、社会科学者たちは彼に猛攻撃を加え、その本の議論に対する非常に批判的な（アンチな立場の）文章やコメントを書きました。彼らは、金の卵を産んだガチョウを踏みつけたくてたまらないかのようでした。この批評があなたに関係してくるとは信じがたいでしょうが、実は関係があります。

多くの学者は、グラッドウェルが「証拠をチェリーピックした（都合のよいものだけを選ぶ）」と主張しました。そして彼は、これらの反証に正面から向きあわなかったとされました。

グラッドウェルは様々なインタビューにおいて、いろいろな自己弁護をしました。ある時、彼は次のように言いました。「もし、私の本があなた（読者）にとって過度に単純化されているように思えるなら、その本を読むべきではありません。あなたは、私が対象とする読者ではありません！」(原3)

このような自己弁護を、アドバイザーと話す時には使わないでください。というのも、ほかの理由がなくても、アドバイザーはあなたの書いたものを読まざるを得ないからです。

別のインタビューでは、自説を最も支持する証拠を選んだ事実を認めましたが、グラッドウェルは、「実質的には、みんなやっていることだ」と自己弁護しました。

> 論争をする時、私たちは証拠を評価し、最も、えー、重要だと思う証拠を選びます。そして、それが、私が本でやって

いることです。

　まあ、ある人たちは、私がまちがった証拠を選んだと言うかもしれません。それは構いません。でも、私は、世界中の唯一の人間として、多くの異なる論争から最も説得力のあるものを選んでいるとは思っていません。それが人間というものでしょう(原4)。

　これは、関係者全員にとって残念な、ある種の災難とも言えるコメントでした。

　グラッドウェルの言葉は、弁護士やほかの一部の職業人には当てはまるかもしれません。例えば、訴訟弁護士は、困難な状況を最善の形で乗り切る必要があります。彼らはクライアントに有利な証拠を提示し、不利な証拠を軽視することが求められます。

　これとは対照的に、学者の仕事は真理を追究することです。執筆において、あなたは法的文書を作成しているわけではなく、それが真理であるかどうかを説得しようとしているわけでもありません。

（原3）　オリバー・バークマン、「Malcolm Gladwell：'If my books appear oversimplified, then you shouldn't read them,'」ガーディアン紙、2013年9月29日付。https://www.theguardian.com/books/2013/sep/29/malcolm-gladwell-david-and-goliath-interview
（原4）　マルコム・グラッドウェル（Malcolm Gladwell）、ジェレミー・ホブソン（Jeremy Hobson）とのインタビュー。『Malcolm Gladwell's Take On 'David And Goliath'』「Here and Now」、WBURボストン、ナショナル・パブリック・ラジオ（National Public Radio）、2013年10月15日。http://hereandnow.wbur.org/2013/10/15/gladwell-david-goliath.

弁護士は、クライアントの無罪または有罪を決定するために存在しているわけではなく、単に彼を弁護するために存在しています（ちなみに、なぜ誰かの命がその弁護士の修辞的な技術に左右されるべきなのか私には分かりませんが、公平さはほとんどの司法制度の特徴ではないようです）。一方、研究者は、まず証拠を集めて評価し、どこに真理があるのかを決定しなければならないのです。

　その後、最も明確で説得力のある方法で主張を展開します。**研究者は、弁護士よりも裁判官に近い存在となります**。あらゆるもっともらしい説明を、公平かつ批判的に評価しなければなりません。

　反証を無視してもいけません。その反証があなたの結論を覆したり、否定したりする場合、あなたは結論が本当に妥当なものであるか否かを検討しなければならないのです。たとえ一つの研究があなたの仮説を支持しても、ほかの99の研究が反対の証拠を示しているなら、それらについて言及しなければならないのです。むしろ、結論を修正するか、99の研究がなぜまちがっているのかを説明する必要があります。

　このようなことが実際に起こるのです。時には、99パーセントの研究が誤っている場合もあります。多くの場合、それらの研究が同じ誤った仮定に基づいているからです。しかし、一人の研究者がそのエラーを修正し、異なる結果を得ることがあります。その場合は、それを述べて、証明してください。もしくは、自分が証明したい結論を支持している再現性のないデータに頼るのはやめてください。

そんなことをしていると、学問の世界でのキャリアが短命に終わってしまうかもしれません。もし、社会科学に関するベストセラー作家として、何百万ドルもの報酬を得たいのであれば、チェリーピッキング（都合のよい部分だけを選ぶこと）は最適な方法かもしれません（うーん……誰か、私がなぜ学問の道に進んだのか思い出させてくれませんか。一体、何を考えていたのでしょうか？）。

❼明確で説得力のある論拠を構築する

さて、弁護士と研究者の違いが明確になりました。ここからは、私たちの文脈に沿って、法的な用語を適切に、混乱を招くことなく使って説明していきます。

弁護士たちの弁護において、彼らは証拠の基準を使用しており、私たちもその基準を、証拠の強度を測るための大まかなガイドとして使用することができます。しかし、あなたの目標は、慎重に証拠を評価して真実を見極めることであり、そのあとに、言葉を使って自分の主張を構築することです。

集めた証拠に取り組む際、あなたはそれが何を意味するのかを見極めようとしています。ですから、それを解明するために、それぞれのもっともらしい仮説に挑戦する必要があります。したがって、それぞれの仮説と証拠の関係における堅牢さを測るための基準が必要になります。

殺人罪での裁判を想像してみてください。被害者が自宅で死亡しているのが発見されました。最も低い証拠レベルは「状況証拠」と呼ばれています。これは、証拠はあるが、非常に脆弱

なもので、主任検察官が証明しようとしていることとは全く異なる様相を示すために使われる可能性があります。

例えば、被告人の手袋が犯行現場で発見されたからといって、被告人が殺人を犯したことを証明するわけではありません。被告人が主張するように、その日、花を届けに来た際に手袋を落としたのかもしれません。

これに対して、最も高いレベルの証拠は「**合理的疑いを超える証拠**」と呼ばれています。これは、被告の手袋に被害者の血が飛び散り、被害者を撃ったピストルの硝煙反応が見られ、防犯カメラに被害者を撃ったところが明確に示されている場合です。

学問の世界では、証拠を評価する際、「合理的疑いを超えて」を達成することはほとんどありません。その基準は、ほとんどの人文学や社会科学の博士論文には高すぎます。しかし、不十分なため、状況証拠に頼ることもできません。その代わりに、できる限り「合理的疑いを超えて」に近いレベルの証拠を目指すべきです。そのレベルを「**明確で説得力がある**」と呼びます。

このレベルの確実性を高めることが目標となります。「状況証拠」を超え、「合理的疑いを超えて」にできるだけ近づくことを目指しましょう[原5]。

まとめ

・トピック、問い、そして答えの違いを理解すること。
・それぞれを簡潔で明確な一文で表現すること。

第6章 研究の方法 225

・問いは、私たちの理解におけるギャップを埋めるためにあると知ること。
・五つのステップで問いを見つけること。
・問いを8語以内［日本語の場合は30〜40字］に圧縮すること。
・問いをより大きなテーマに結びつけること。
・研究を行う前に結論を出さないこと。
・問いを手がかりに資料を選ぶこと。
・反証に正面から向きあうこと。
・明確で説得力のある論拠を構築すること。

　これらの基本的な要素を確実に身につければ、多くの仲間や研究者に対して優位に立つことができます。質の高い研究を行うためには不十分かもしれませんが、**私の目的は、正しい基盤を築くための重要な要素を提供することです**。残りは、ほかの研究者や書籍から学び、試行錯誤を通して習得する必要があります。私の指針を参考にして、成功のチャンスを大きく向上させてください。そして、頑張ってください。
　あっ、もう一つだけ。
　以前、情熱をもって書くことについてアドバイスしたことを覚えていますか？　もし、ほかのすべてを忘れてしまったとしても、その考えだけは覚えておいてください。なぜなら、研究

（原5）　証拠に関する法的用語を簡略化しています。証拠のカテゴリーに関するより詳しい説明については、弁護士に相談してください。ただし、彼らは分単位で相談料を請求してきますので、早口で話してもらうようにお願いしましょう。

を退屈で面倒な作業のように感じられるなら、何かが大きくまちがっているからです。

研究は、常に楽しいものとは限りませんが、大部分の時間は、問いに引きこまれ、プロセスに興奮し、答えを見つけることへの熱意に満ちたものであるべきです。

実を言うと、私には恥ずかしい秘密があります。本を書くたびに、最期が近づくという馬鹿げた考えにとらわれるのです。そして、神に祈っているのです（普段は祈るような人間ではないのに）。それは、「本が完成する前に、車に轢かれないように」という祈りです。

もちろん、本を書いていない時でも車には轢かれたくありませんが、この時期は特に用心深くなります。なぜなら、**自分が探究してきた問いに対する答えを世界に伝えたい**という強い思いがあるからです。

理性的には、このような考えがどれほど馬鹿げているものか理解していますが、それでも、ほかの人々が自分のプロジェクトに対して同じくらい関心をもつかもしれないと信じてしまうのです。もしかしたら、どこかにそういう人がいるかもしれません。

このような執着心こそが研究の原動力となるべきです。探究に対する興奮、問いについての考察、そして重要な真実を発見することへの切なる願いが、あなたを突き動かすべきなのです。

総括としての学生との対話

ユキカ 先生、これまでに行ってきた研究活動を振り返ってみましたが、いくつかの仮説は証拠で裏付けられたものの、想定通りにいかない部分もありました。どのように進めればいいのかと迷っています。

ケニチ あなたにとって素晴らしい経験だと思います。研究では、すべてが計画通りに進むわけではありません。得られた結果をどのように評価し、次につなげるかが重要です。反証が出た時こそ仮説を見直し、研究を深めるチャンスとなります。

ユキカ 反証を無視せず、真剣に向きあうことが大切なんですね。証拠の強さを基準に結論を見直してみます。

ケニチ その姿勢こそが研究を進化させます。次のステップを楽しみにしています。

* * * * *

ケニチ さて、この本を通じて多くのことを学びましたね。それぞれ、この学びをどのように活かしていきますか？

タカシ 僕は時間管理の大切さを学びましたので、これからも計画的に学び続け、研究や将来の仕事に役立てていきたいです。

ミホ 就職活動と卒業研究を両立するなかで、ストレスを乗り越えながら目標に向かう力を身につけました。この経験を社会に出ても活かしたいです。

ユキカ 反証と向きあう大切さを学びました。真実を追究する姿勢を忘れず、新しい発見を目指していきたいと思います。

ケニチ みんな、素晴らしい成長を遂げたようですね。学び続ける姿勢がこれからの人生を豊かにします。どんな小さな一歩でも、進み続けることが大切です。みなさんの未来にエールを送ります！

タカシ、ミホ、ユキカ ありがとうございました！

訳者あとがき

　本書『大学での学びをハックする』を読まれた感想はどのようなものでしょうか？　機会があれば、ぜひうかがいたいところです。ひょっとすると、これから読もうと本書を手に取った人のなかには、「読んでみるか」という気持ちで、この「訳者あとがき」から読みはじめている人がいるかもしれません。そんな情景をふまえて、翻訳版制作の過程において全文を精査してくれた大学院生３名（対話パートの大学生・大学院生のモデル）が書いたコメントを紹介したいと思います。

　彼らにはアルバイトの形で協力をお願いしたのですが、快く引き受けてくれたばかりか、丁寧で詳細なフィードバックを寄せてくれました。その貴重なコメントが、みなさんの読後感を深めるお供に、あるいはこれから本書を読み進めるにあたっての起点となれば幸いです。それでは、３名の声をお届けします。

コメント１──文献の読み方を学ぶ重要性

　この本の強みは、文献の選び方や読み方を誤ったまま無駄な時間を過ごしている学生に効果的であることです。文章の効率的な読み方について非常に丁寧に解説されており、公式や法則が示されているだけでなく、うまくいかなかった場合の対処法まで記されています。そのため、すぐに実践に移しやすく、学びを現実の行動に結びつけやすい内容となっています。

さらに、ほかの四つのスキル（書く・話す・活動する・研究する）についても練習過程が詳しく説明されており、指導する教授にとっても、学生への指導方法を考える際に非常に役立つ内容だと思います。

コメント２──包括的なスキルと対話形式の効果
　研究活動や大学での学びを行ううえで必要でありながら、多くの学生が意識していない、もしくは知らないスキルがぎっしり詰めこまれています。一度読むだけで、学びや研究への取り組み方が大きく変わると感じました。特に、各章の冒頭にある対話形式の小文が非常によい働きをしています。少し難しい内容でも、対話部分を読むことで重要なポイントが再確認でき、次章への橋渡しとして機能しています。
　この本を読むことで、学びや研究に行き詰まった際、解決のヒントやアンサーが得られるように感じました。研究や執筆をする学生が、特に行き詰まりやすい分野だけでなく、学ぶうえで必要とされるすべてのスキルがこの一冊に網羅されているところが本書の大きな強みです。大学生や研究に打ちこむ大学院生には、ぜひ読んでほしい一冊です。

コメント３──初心者にも優しい構成
　この本の強みは、文章に硬さがなく、内容に入りこみやすいところです。本を読むのがあまり好きでない人や、読書に苦手意識をもっている人でも、比較的読みやすいと感じました。特に、第１章において「読む方法」を最初に学ぶという構成は非

常に優れていると思いました。読み方を学んだうえで、その後の章を効率よく読み進められた点がよかったです。

また、「読む」→「批評する」→「自分で書く」→「話す（スピーチする）」という段階を踏んで進んでいくため、各章で学んだ内容が次に活かせるという流れになっています。学びが連続的に深まっていくという構成となっており、読者がスムーズに読み進められるように設計されていると感じました。

いかがですか？　大学院生３名のコメントからも分かるように、本書は単なるスキルの解説書に留まらず、読者にとって実践的かつ役立つツールとなっています。「**読む・書く・話す・活動する・研究する**」という五つのスキルを段階的かつ包括的に学べるという本書は、特に大学生や大学院生にとっては貴重な指針となるでしょう。また、教育者にとっても、指導や学びの場を改善するうえにおいて重要な視点を提供している１冊となっています。

これから本書を読みはじめる人も、すでに読了された人も、ここに掲載した大学院生３名のコメントを参考にしていただき、ご自身の学びや研究に新たな視点を取り入れて、さらなる成長のきっかけにしていただければ幸いです。

「訳者まえがき」にも記しましたように、本書の邦訳出版においては日本オリジナルとなる学生との対話やコラムなどを掲載させていただきましたが、これらは、すべて原著者であるザカリー・ショア氏のご高配によるものです。邦訳出版の制作作業

に入る前にショア氏は、訳者が書いた原稿をすべて読まれ、様々な助言をしてくださいました。この場をお借りして、御礼を申し上げます。

　また、原著者との連絡という面倒な労を執っていただきました翻訳代理店の「ユニ・エージェンー」のみなさま、そして、前著『ハテナソンの本』（2024年）に続き、本書の編集作業にあたってくれました株式会社新評論の武市一幸さんに御礼を申し上げます。

　2025年2月

　　　　　　　　　　　　　　　　　　　　　　　　　佐藤賢一

本書における重要用語集
＊アイウエオ順。（ ）内は初出の章を表す。

ABD（All But Dissertation）——博士課程で単位取得を終えながら、博士論文が未完成の状態にあること。学位取得まであと一歩だが、論文作成の困難さから長引くことも多い。（第5章）

アーカイブ（Archive）——歴史的・学術的資料の保存場所やその資料群。紙やデジタル形式で保存され、研究に利用される。（第5章）

アカデミア（Academia）——大学や研究機関を中心に知識の探求や研究が行われる領域。学問の進展、新しい知識の創出、社会貢献を目指す。（第2章）

アクティブ・リーディング（Active Reading）——能動的に本や論文を読む方法。主張や証拠を批判的に捉え、理解を深める。重要箇所をマークしたり、要約を書くなどの作業を含む。（第1章）

アンラーニング（Unlearning）——古い知識や固定観念を見直し、新しい視点や知識を受け入れるプロセス。柔軟な思考を促し、現代社会の変化に適応するために重要なスキル。（第2章）

印象管理（Impression Management）——他者に与える印象を意図的にコントロールする行動。職場や学術の場で成功のカギとなる。（第5章）

インターセクショナリティ（Intersectionality）——複数の社

会的アイデンティティ（人種・性別など）が重なりあい、不平等や差別にどう影響するかを分析する概念。社会問題を多面的に理解するために重要。（第3章）

インデント（Indentation）──段落やリストの先頭を字下げする形式。文章を整理し、読みやすくする。（第1章）

インポスター症候群（Impostor Syndrome）──自分の成功や能力を否定し、評価に反して「自分は偽物」と感じる心理状態。成功者にも多い。（第5章）

オリジナリティ（Originality）──独創的な発見や考え方。学問において、新たな視点や方法を提示することが求められる。（第5章）

学際的な研究手法（Interdisciplinary Approach）──異なる分野の視点や方法を統合し、多角的に問題を解決するアプローチ。例：「自然科学と社会科学を組み合わせた研究」。（第4章）

仮説／主張（Thesis、テーゼ）──論文や書籍の中心的な論点。著者の議論や証拠はこの主張を支えるためにある。読み手が最初に見つけるべき部分。（第1章）

KISSの原則（Keep It Simple, Stupid）──「シンプルにしろ」という指針。複雑な説明を避け、簡潔で明確な表現を心がける。ビジネスや教育の場で重視される。（第3章）

クリシェ（Cliché）──使い古された表現や決まり文句。斬新さや創造性を欠くため、創造的な文章や発言では避けるべきもの。例：「時は金なり」。（第3章）

クリティカル・シンキング（Critical Thinking）──「**批判**

的思考」と訳されている場合が多いが、事実や論理に基づいて情報や意見を評価し、自分の判断を形成するプロセスのこと。感情や先入観を排し、前提や証拠を慎重に検討する。（第2章）

サインポスティング（Signposting）——話や文章の進行を事前に示す手法。例：「次に問題点を整理し、その後解決策を提案します」といった案内。（第4章）

ザナックス（Xanax）——不安やパニック障害の治療に用いられる抗不安薬。即効性があるが、依存性への注意が必要。（第5章）

サブヘディング（Subheading）——章や段落内の小見出し。テキストの構造を整理し、読者が内容を把握しやすくする。（第1章）

シーシュポスの岩（Sisyphus' Rock）——無意味で終わりのない努力を象徴する比喩。例：「成果が見えない作業はシーシュポスの岩のようだ」。（第5章）

スキミング（Skimming）——文章をざっと読んで要点やテーマを素早くつかむ方法。タイトル、見出し、トピックセンテンス、キーワードを中心に読む。（第1章）

スモールトーク（Small Talk）——軽い話題の短い会話。場を和ませ、人間関係を構築するために役立つ。（第5章）

生成AI（Generative Artificial Intelligence, Generative AI）——データを基に新しいコンテンツを生成するAI技術。文章、画像、音楽、コードの作成など幅広く活用され、研究や学習の補助にも役立つ。（第1章）

チェリーピック（Cherry-picking）——都合のよいデータだけを選び出す行為。学問の世界では、客観性を欠いているため批判される。（第5章）

テニュア（Tenure）——大学や研究機関の常勤職位。長期的な雇用を保証し、研究者が自由に活動できる環境を提供する。取得するには高い実績が必要。（第3章）

トピックセンテンス（Topic Sentence）——段落の主内容を示す文。通常、段落の最初に置かれ、段落全体の要点を把握する手助けとなる。（第1章）

ハイライター（Highlighter）——重要ポイントを強調するマーカー。要点を振り返る際に便利だが、過剰使用は避ける。（第1章）

マクガフィンファイル（MacGuffin File）——物語の進行において表面的には重要に見えるが、実際には詳細に説明されない要素。（第5章）

ミノタウロスの迷宮（Minotaur's Labyrinth）——抜けだしにくい複雑な状況や問題を指す比喩。例：「構成が複雑すぎると、聴衆がミノタウロスの迷宮にいるかのように困惑してしまう」。（第4章）

訳者紹介

佐藤　賢一（さとう・けんいち）
1965年5月22日、北海道岩見沢市生まれ。
京都産業大学生命科学部産業生命科学科教授。教育支援研究開発センター長。博士（理学）。NPO法人ハテナソン共創ラボ代表理事。
高校を卒業するまでの18年間を、北海道の四つの街（岩見沢市、函館市、室蘭市、札幌市）で過ごす。大学入学を期に北海道を出て、それ以降は関西圏（神戸市、京都市）に在住。
好きな飲み物はカフェラテと炭酸水、好きな食べ物はスパゲティと炒飯と天ぷら（ほか多数）、好きな色は青色、好きな音楽は今もバッハと坂本龍一とコクトー・ツインズ、好きな言葉は、フランスの画家ゴーギャンの絵画に書かれた「D'où venons-nous? Que sommes-nous? Où allons-nous?（我々はどこから来たのか 我々は何者か 我々はどこへ行くのか）」です。
著書として、『ハテナソンの本』（新評論、2024年）がある。

大学での学びをハックする
―― 21世紀のアカデミックスキル短期集中セミナー ――

2025年4月15日　初版第1刷発行

訳　者　佐　藤　賢　一
発行者　武　市　一　幸

発行所　株式会社　新　評　論

〒169-0051
東京都新宿区西早稲田3-16-28
http://www.shinhyoron.co.jp

電話　03(3202)7391
FAX　03(3202)5832
振替・00160-1-113487

落丁・乱丁はお取り替えします。
定価はカバーに表示してあります。

印　刷　フォレスト
製　本　中永製本所
装　丁　星野文子

ⓒ佐藤賢一　2025年

Printed in Japan
ISBN978-4-7948-1285-8

JCOPY ＜(社)出版者著作権管理機構 委託出版物＞
本書の無断複写は著作権法上での例外を除き禁じられています。複写される場合は、そのつど事前に、(社)出版者著作権管理機構（電話 03-5244-5088、FAX 03-5244-5089、e-mail: info@jcopy.or.jp）の許諾を得てください。

新評論　好評既刊

問いをつくり、育てることで、
　　　あなたの世界を大きく変える

佐藤　賢一　著

ハテナソンの本
「問いづくり」への旅

「問い」をつくる楽しさと可能性は無限大！
教室、研究、仕事、日常生活に役立つ
質問づくり・課題解決の最新・独自メソッド。

四六並製　200頁　2420円
ISBN978-4-7948-1277-3

＊表示価格はすべて税込み価格です。